目次

美は匠にあり

木は生きている……8
黒田辰秋　人と作品……14
黒田乾吉　木工を支えるもの……102
志村ふくみ　花の命を染める……113
吉岡常雄　お水取の椿……124
荒川豊蔵　牟田洞人の生活と人間……135
北大路魯山人　世紀の才人……149
魯山人のこと……159

横石順吉　贋物づくり……165
青山二郎　余白の人生……177
友枝喜久夫　老木の花……186
日本のもの・日本のかたち……213
初出一覧……278
解説――生を楽しむ人　須藤孝光……280

木は生きている

先日、ヴァイオリニストの黒沼ユリ子さんが、NHKの教育テレビで、こんなことを語っていた。その言葉どおりではないが、だいたい次のような意味のことだった。

——自分は同じヴァイオリンを、二十三年間使っているが、二十三年もつき合っていると、楽器は奏者にぴたりと応えてくれるようになる。いくらストラディヴァリウスのような名器を持っていても、飾っておいたのでは何にもならない。ヴァイオリンは生きている。生きものなんです、と。

ほかの、たとえば管楽器やピアノでも、同じようなことはいえるかも知れない。誰にとっても、自分に馴れた道具は使いやすいにきまっているのだから。だが、ヴァイオリンの場合は（チェロやヴィオラでも同じであるが）、木でできているところが、管楽器とは違うと思う。どこがどう違うかは巧くいえないが、しいていうなら、ヴァイオリンは、いくらか原始的な楽器なのではあるまいか。同じように馴れるといっても、金属性の楽器とか、またピアノのように木でできていても、間接的に音が出るものとは、どこか感触が違うような気がする。窮極のところでは同じなのだろうが、「生きている」感じは、ヴァイオリンのほうが強烈で、直接からだに伝わってくるものがあるに違いない。そのことを黒沼さんは、「応えてくれる」といったので、楽器と一体になって、言葉を交わしている姿に、私は深い感銘をうけたのであった。

下手な説明はそのくらいにして、なぜ感銘をうけたかといえば、私も木工美術のうえで、まったく同様の経験をしているからである。別に木工だけが好きなわけではなく、美術品一般のことと思っていただいていいのであるが、どんなに上等なものでも、しまっておいたら必ず顔色が悪くなる。つまり、死物と化すのである。古いものだけとは限らない。たとえば黒田辰秋の作品などでも、私は毎日そばに置いて荒っぽく使っている。むろん、ていねいに扱うほうがいいにきまっているが、毎日のこととなればそうもゆかない。時には瑕《きず》がついたり、はげたりするが、道具はそこまでつき合わないと、自分の物にはなってくれない。高いものだからといって、お蔵にしまっておいたり、棚の上に飾るだけで生きてこないことは、ヴァイオリンの場合と同じなのである。

ヴァイオリンは音を出して応えてくれるが、木工は物をいわない。だが、美しくなることによって、こんなに育ちましたと、嬉しそうな顔をする。毎日見ているのだから、いちいち気がつくはずはないが、ふとした機会にとりあげてみると、買ったときとは別物になっていることを知って、感動するときがある。可愛がった甲斐があったと思うのはそういう瞬間で、これはまさしく物いわぬ木工と、会話を交わしていることではなかろうか。

私がはじめて木の美しさを知ったのは、もしかすると、能面とつき合ったときかも知れない。能面は彫刻だから、木工とはいえないが、広くいえば木の芸術の一種には違いない。「能面」の本を書いていたとき、私は能面の原点を求めて、大和から北陸へかけての古い神社をたずねたことがある。そこで出会った能面は、保存が悪いため、彩色ははげ落ちていたが、はげた跡から、実にみごとな木目がくっきりと現れていた。それは彩色が落ちるのをはじめから予測していたかのように、両頬の上には美しい渦巻きの文様が露出し、顎のところには丸い木目が、皺の部分には皺と同じ線が現れていて、私を驚かせた。そのような木目は、彩色をほどこせば全部かくれてしまう。にもかかわらず、作者は見えないところに手間をかけていたのである。そういうものが日本人の木に対するほんとうの気持ちではないかと私は思った。たとえ加工するにしても、外側を飾るのではなくて、内側から造りあげてゆく。能面はそういうことを教えてくれたが、後に多くの作家とつき合うようになって、そのことが間違っていないことを知り、大げさにいえば、私の人生観のようになってしまった。

したがって、生活の中でも、そういうものしか使わないし、使えもしない。たとえば、茶壺は、桐でできているが、能面を想わせるような美しい木目が現れており、蓋の真ん中にも丸い文がある。ただ同然の安い買いものであったが、桐というのは不思議な木で、湿気にも火気にも強い。だから簞笥に多く使われているのだが、お茶もこの壺の中に入れておくと、いつまでも保存できる。お茶に使わないときは、花入れに化けることもあり、時に応じて用途を変えてみることも、暮らしの中のたのしみの一つである。

漆桶は、漆かきの職人が腰にさげているもので、漆を採取するための道具である。もちろん自分で作ったのであろう。分厚い木を曲げものにして、縄でとめてあり、全体に自然の漆がかかって、いい味になっている。こういう桶は荒っぽい道具だから、汚いものが多いが、それを手塩にかけて、美しく育てあげるところに、無上の喜びがある。ひと口に民芸といっても、民芸の名のもとにわざと作ったものは醜いが、山びとや農民が、それと知らずに使っていた道具にはうぶな味わいがある。

黒め鉢も、そういった種類のもので、生漆《きうるし》を大きな鉢の中でまぜていると、次第に黒くなってゆく。それで「黒め鉢」というのであるが、最初は白木（たぶん材は栃）であったものに、自然に漆がかかって、溜塗《ためぬ》りのような感じになっている。ふだんは玄関のそばにおいて、客の外套や荷物入れに利用しているが、花入れに使うこともある。そのときは水盤にして、なみなみと水をたたえると、花の影が下に映って清々しく見える。

刳《く》り鉢も、民芸であって民芸ではない。荒くはつった鉈《なた》の跡が美しく、よく拭きこんであるので、とろっとした味になっている。これは松永安左衛門《やすざえもん》氏が、生前座右において愛していたもので、そのために値段も法外に高かった。が、値段のことなんか考えていたら、物とはつき合えない。ただ、好きだから買う、それだけのことで、物から貰うものが無限にあることを考えれば、そして、殺伐とした現代生活を豊かにしてくれることを思えば、どんな値段でも（自分に買える程度なら）けっして高くはないのである。

その最たるものは、炉ぶちかも知れない。伏見の骨董屋さんが使っていたもので、いくらねだってもゆずってくれなかったが、亡くなった後で遺族に頼んで手に入れることができた。そのときも足元を見られて法外な値をつけられたが、武士に二言はない、と変なところで意地をはり、ほかのものを手放して、ようやく自分のものになった。最初のうちは、人みしりをしているように見えたが、二、三年経つと部屋の中におさまってくれた。今では昔からそこにいたような顔をしている。私は毎日このいろりのかたわらでお茶を飲み、松風の音に耳を澄ましつつ、ひと時のいこいを楽しんでいる。

黒田辰秋　人と作品

縁の下の力持ち

黒田さんのお家は、京都の清水坂を北へ入った小路にある。私の宿からは、歩いて二、三分の所なので、よくお訪ねする。向こうから来て下さることも多い。お付き合いは戦後のことで、そう古いとはいえないが、木工には興味を持っているから、仕事場を拝見したり、お話を聞くのが楽しみである。ここに記すのは、その間に私が見た黒田さんの仕事ぶりと、作品を通して知った重厚な人柄で、いわば一種の訪問記と思って下さればよい。

川端康成さんもいっていられるように、黒田さんの家は、正に「陋屋《ろうおく》」の名にふさわしい。門口には、木材が沢山立てかけてあり、玄関を入った所から高い木の香りがする。最近修理されて、いく分広くなったが、ちらかっていることに変りはない。住居はいくら広げても、仕事場の延長になってしまうことを、その乱雑さは語っており、それはまた主の仕事熱心を示してもいる。客間は、――といっても居間兼茶の間で、落ちつく部屋はそこしかないのだが、玄関を入ったつづきにあり、大きなテーブルと、大きなテレビが置いてある。この家はせまいくせに、何でもかでも大きいのだ。御主人もその例外ではなく、部屋一杯の掘炬燵に、長身を埋めていられる。

「ま、ま、どうぞ、お楽に、お楽に」

　黒田さんは、ぽつんぽつんと、切ったような話し方をされる。訥弁には違いないが、そうかといって無口ではなく、ずい分お話は好きな方である。黒いベレーと、手織の上着（これには手製の椿のボタンがついている）、皮の足袋というのが通常の服装で、時には藍木綿の仕事着を着ていられるが、鴨居へとどく程の長身は、その茫洋とした表情と相俟って、いかにも「大器」といった風格がある。ある写真家が、「黒田さんはどこでも絵になる」といったそうだが、私が最初に受けた印象も、たとえていえば自然の立木、それも大きく根をはった深山の古木という感じがした。そういえば、黒田さんの作品も、生れたままの姿を失ってはいない。人間が作品に似たのか、作品が人間に似るのか、おそらくその両方であろう。そう思って聞いていると、訥々とした話しぶりにも、堅木をけずるのみの音がひびいて来るようで、つい私は座り直してしまう。

話の順序も、「神武天皇東征以来」といった調子になる。何でも元の所からはじまらないと、気が済まぬらしい。黒田さんの生れや育ちについて、私は何も知らないので、今度はそのつもりで伺いに行ったのだが、例によって懇切丁寧であった。そういうものは、ほんとは作品とは関係のないことだと思うが、この先生の場合、どうしてもそこから始まらないとおさまりが悪い。木工という仕事が、そういうことをしいるのであろう。

黒田さんは、明治三十七（一九〇四）年、京都で生れた。父上は大聖寺前田家の家老職飯田家の末子であったが、幼にして黒田家の養子となり、山中に伝わる漆の技術を学び、大阪へ移った後、更に京都に住みついたという。したがって父祖の故郷は加賀でも、生れは生粋の京都人である。古武士の面影があるのはそうした祖系の為で、同時に都会人らしい繊細さも持ち合わせていられる。その頃の京都の住居は、木屋町にあった。いわゆる「木屋の町」で、材木関係の人が住んでいたが、現在は料理屋やバーがたてこんで、まったく昔の面影はない。が、そういう種類の店が発展したのも、元はといえば材木商が商談する場所だったからで、材木を積んだ舟は、淀川から高瀬川を上って直接木屋町へ入った。「ホーイ、ホーイ」と長い棹をさしながら川を上って来る舟を、子供のころ見たのをよく覚えていられる。高瀬舟は木屋町から少し上流の舟入町まで入ったが、そこは堰になっていて、「ごっつい板」で水が堰きとめられ、それを切ると同時に、舟が勢よく流れ出す仕組となっていた。そういう所に育った黒田さんは、根っからの「木屋」の子であった。少年時代は絵描きになろうと思っていたが、鉛筆より先に小刀を持ち、遊び道具に鑿《のみ》を使う生活は、小学校の先生より手工が巧く、竹とんぼなど作るのはいつも黒田さんの役目であった。少し長じてからは、指物師に下図や下絵を描いてやっているうち、いつの間にか木工に興味を覚えるようになって行った。それに拍車をかけたのは、柳宗悦氏など、民芸作家の影響だが、そのことについては後に述べる。

塗師《ぬしや》屋というのは、蒔絵《まきえ》などの下地を造る職人で、無地の漆器を専門にしていた。四人の兄達は、みな家業に従事したが、末子の「辰ちゃん」は、「オヤジ様」に一番可愛がられており、一日の仕事が終ると、オヤジ様は長火鉢の前で、辰ちゃんを相手に晩酌をした。そこには家族も職人も近づけなかったが、黒田さんだけが特別扱いされたのは、末子というだけでなく、素質のあることを見ぬかれていたのかも知れない。そのオヤジ様がある時、こんなことを呟いた。

——塗師屋は縁の下の力持ちだ。生地を造るだけで、文様を描いたり、蒔絵をつけるのは、他の人達がする。そして最終の仕事をした、いわば仕上げ工の名だけが表に出る。世の中は不公平なものなのだ、と。

黒田さんは十歳ぐらいだったが、妙にこの言葉が身にしみて、「大人は信用できない」と思ったそうである。それが元となって、後に一貫作業を志すようになるが、蒔絵ばかりでなく、染織や陶芸に比べても、木工が地味な仕事であることに変りはない。工芸界の「縁の下の力持ち」であるのは、今も昔も大差はないだろう。生れはやはり争えない。黒田さんは何事につけ、生地に重きを置く、漆も下塗りに心を使う。

子供の頃甘やかされたのは、身体が弱かったせいもある。弱すぎて、種痘をすることも出来なかった。ところが四歳の時、天然痘がはやり、忽ちそれにかかってしまった。さすがにその時の事はよく覚えており、母親がつきそって、避病院に入院した。床下に野良犬が住んでいるような、さむざむとした病院であった。もっと運が悪いことには、はじめは疑似天然痘だったのが、退院する間際に、隣の患者から真症のものをうつされ、長い間苦しみぬいたという。黒田さんの表現を借りれば、「顔がじゃがいもみたいになり」、家へ帰った時、お姉さんが、「辰ちゃんじゃない。ちがうちがう」と大声で泣きわめいた。学校へ行くようになっても、子供達がからかう。黒田さんはだんだん陰鬱な少年に育って行った。

「わたしが木工をやるようになったのは、疱瘡が原因かも知れません」といわれる。

年とともに疱瘡の跡は消えたが、心の傷痕は長く残ったらしい。病身だったことといい、隣の患者にうつされたことといい、黒田さんには何となく貧乏くじをひくような所があって、そうした不運に打ち勝つ為に、ずい分苦労をされたのではないかと思う。が、考えようによっては、それらはすべて天が与えた試練で、それを克服することにより、今日の大を成したともいえよう。

幼い頃の記憶は、いつも真綿を首に巻きつけていたことで、小学校では欠席のレコード・ホールダーであった。したがって友達もなく、外出することも嫌いだった。家には兄弟の他に、職人や弟子が二十人ほどおり、孤独な少年にとって、彼等の仕事を見るのが唯一の慰めとなった。それは流れるように美しく、面白かった。中に一人、「きくさん」といって、腕の立つ指物師がおり、大酒飲みで、始末に悪い男だったが、子供には親切で、よく手をとって教えてくれた。「この人が私の先生です」と、黒田さんは懐かしそうに回想する。

その中《うち》だんだん手伝いが出来るようになり、古材の釘をぬいて、三銭貰うのが楽しみになった。尾州檜が最上の素材で、家では寺社の古材を買い集めていたが、丁度その頃三条大橋が改築され、その釘をぬいたことが記憶にある。兄の中では次男が一番の腕利きで、その人にも習ったが、惜しいことに病身で夭折された。そういう空気の中で育っていれば、教えられなくてもしぜん技術は身についたであろう。黒田さんが絵筆を捨てて、木工に奔ったのは幸いであった。もともと器用な人である。絵画の素養があることも、どれ程役に立ったかわからない。身体に自信がない為、絵をあきらめたといわれるが、肉体的には木工の方が、はるかにきびしい労働であろう。自分でも、弱いのか丈夫なのか、未だにわからないといわれ、時々病気をされることもあるが、弱くて強いのは身体だけではあるまい。その柔軟で強靭な精神が、木工によって鍛えられたといっても過言ではないと思う。

話の合間に奥様が、お菓子と抹茶を出して下さる。色白のやわらかい感じの方で、京都の生れかと思っていたが、伺ってみると「ドサンコです」といわれる。今でこそ黒田さんも有名になられたが、長い間の下積み生活は、さぞ辛いことがおありになったに違いない。黒田さんにしても、決して扱いやすい御主人ではないだろう。にも拘らず、いつも明るい笑顔を失わないのは、北国の女性の強さであろうか。先日、家を普請された時、「ずい分きれいになりましたね」とほめたら、泰然としていわれた。「せいぜいひと月ですよ、すぐちらかりますから御安心下さい」。

出して下さるお茶碗も、黒田さんの作で、陶器もひねられるとは知らなかったが、赤楽の、たっぷりした姿が美しく、こんな器用な方は珍しいと思う。単に器用なだけでなく、ものの形というものを、しっかりつかんでいられるに違いない。ものを見ることは、子供の時から好きだったらしく、小学校へ上がる頃には、もう貝の美しさに目をつけていた。

平安神宮へ行く手前の、疏水に面した角の所に、「平瀬貝類博物館」という木造の洋館があった。平瀬さんという篤志家の、私設の展示場で、そこの飾窓の中に、目ざめるようなメキシコ貝があるのを、動物園への行き帰りに、眺めるのが楽しみだったという。眺めるというより、吸いつけられるように魅せられたらしい。その時、黒田さんは、メキシコ貝の中に「螺鈿《らでん》」を既に見ていたといえるが、実際の細工に接したのは十八、九の時で、友達の持っていたマンドリンのツボ（指で絃を押える所）についていた。黒田さんは驚喜した。以来、螺鈿にとりつかれて今日に至ったが、古い言葉でいえば、それは前世の因縁と呼ぶべきかも知れない。メキシコ貝のいく分暗い、底光のある美しさは、まことに黒田さんの木工に似合って見える。天平時代以来、日本に螺鈿は少なくないが、メキシコ貝を用いたのは、おそらくはじめてで、箱や戸棚に使用したのは、世界でも珍しいのではないかと思う。まったくそれは貝という軟体動物が、自らの粘液で精巧な文様を形づくるように、持って生れた資質を充分に活かし切ったといえる。だが、貝があの硬い殻とみごとな文様を造るのに、長い年月をかけるのと同じく、黒田さんの螺鈿も、一朝一夕で出来上がる仕事ではなかった。

第一、メキシコ貝を手に入れることがむつかしかった。貝屋には螺鈿と称するものがあるにはあったが、それは茶人が「青貝」と呼ぶ種類のもので、夜久貝を一週間ぐらい焚くと、青や紅の美しい色に変化する。それを薄くはいで、こまかい文様や梨子地に用いるのだが、そういう方法を、専門語ではへぐといい、そういう貝を「へぎ貝」という。黒田さんは、家の仕事として、その青貝の下絵を描くことが多かった。だから貝とははじめからつながりがあり、仕事の方法も知らないわけではなかったが、黒田さんが望んだのは、そんな人工的な細工物ではなく、メキシコ貝が持つ自然の美しさ、オパールに似た深い色合いと、重厚な姿を、そのまま活かすのが目的であった。その為には、薄くはがずに、厚く切る必要があり、「へぎ貝」に対して、そのような手法を「厚貝」と呼ぶ。古い時代（少なくとも鎌倉時代まで）の螺鈿はみなそのやり方で、厚い貝を使った為に、どっしりとした作品が出来たのである。黒田さんが目ざしたのは、そこへ還ることであった。しかも未知数のメキシコ貝をひっさげて。同じ螺鈿といっても、従来の青貝とは、似ても似つかぬ「創作」である。

そのうち、伝手《つて》があって、大阪に「スリ貝屋」というものを見つけた。貝を摺る職人で、へぎ貝は刃物でたやすく切れるが、厚貝は砥石かやすりで摺らねばならない。この職業は今でもあって、ボタンを主に製作しているが、その店で待望のメキシコ貝を手に入れることが出来た。ようやく手に入ったものの、さて、どう扱っていいかわからない。「ただ見ているだけで、きれいだった」と、黒田さんはいわれる。そして、ただ見ているだけで、十年以上も経ってしまうのだが、この先生の長所はそういう所にあると私は思う。別の言葉でいえば、それは「待つ」ということだ。相手が口を開くまで待つ。そうでなくては、木工などと付き合いきれたものではないが、黒田さんの悠々とした仕事ぶりを眺めていると、自然のリズムとぴったり調和しているように見える。木や貝が造り出す木理《きめ》と、同じいぶきを感じる。

螺鈿の話

大正の終り頃、京都市が美術展を催し、はじめて自分の作品を出品された。同じ頃、優しかった母親も亡くなり、黒田さんはわずか十九歳の多感な青年であった。その作品は、螺鈿の卓《しょく》で、支那の段通にヒントを得、龍が一面に象嵌してあったという。ただし、メキシコ貝ではなく、夜久貝もしくは鮑を使ったと記憶されているが、これは市が買いあげたので、今は行方がわからない。が、見なくても充分想像はつくであろう。それは処女作にふさわしい気概と、潑剌とした精神のこもる大作だったに違いない。

その記念すべき作品に、折角手に入れたメキシコ貝を使わなかったのは、いかにも黒田さんらしくて面白い。それが日の目を見るのはずっと後のことで、黒田さんの表現によると、「三十歳まで貝殻のままでいた」。はじめて使ったのは、大阪の個展に出品した時で、小さな箱を造り、志賀直哉氏が推薦文を書いて下さった。この箱も、持主が転々として今はわからない。それを機に、螺鈿に深入りするようになって行ったが、先にもいったように、黒田さんのそれはふつういう青貝とはちがう。根本的な考え方がちがう。

ためしに漢和辞典をひいてみると、貝には飾りとか、宝という意味があり、古くお金のかわりに用いたことは知られている。以来、金銭や財宝と関係がある文字には、必ず「貝」がつくことになったが、黒田さんにいわせると、そういうわけで「貝を美しいと見ることは、人間の本能なのだ」ということになる。

黒田さんの発想は、いつもそういう所からはじまる。たとえばここに自然の貝殻がある。神様の創造といってもいい。人間にせいぜい出来ることは、それを真似る以外にない。そこで、螺鈿が生れることになるが、あくまでもそれは真似であるから、モデルの姿から放れては存在し得ない。極端ないい方をすれば、螺鈿は黒田さんにとって、作品ではなく、自然に近づく為の手段にすぎないのである。したがって、自分の技術より、生れたままの貝の美しさに重きをおく。螺鈿に使用するのは、メキシコ貝の他に、沖縄の夜久貝、オーストラリアの蝶貝、それにアメリカと日本の鮑などであるが、先日私は、その中のいくつかを拝借して来た。実は今それらの貝殻を眺めながら書いているのだが、こうして改めて眺めてみると、不思議な魅力にあふれていることに驚く。いかなる造化の妙か、丹念に精巧に仕上げられたこれら自然の作品は、互いに似通っていながら、メキシコ貝はいかにも南方の産らしく、日本の貝はあくまでも東洋的で、それぞれお国柄を発揮しているのが面白い。「ただ見ているだけできれいだった」という黒田さんの言葉、そして中々手を下せなかった心境が、おぼろ気ながら私にもわかるような気がする。

メキシコ貝は、鮑の種類らしいが、日本の鮑とちがって、深い海の色を基調に、五彩に輝く豊潤な色層は、ブラック・オパールと同じ生れであることを語っている。そのまわりを鮮明な渦巻文様が取巻き、力強い額縁を造っているのも、何と古代のメキシコ土器に似ていることか。中心の、たぶん元は肉がついていた所は、一そう緻密にかためられ、文様もこまかい花びらのようになる。一つ一つの貝の、色と文様がちがうだけでなく、一つ一つの文様も、層を重ねるにしたがって変化し、外側の石灰質の表面にまでにじみ出て、「練上手《ねりあげで》」の効果をみせているのも美しい。千変万化とは正にこのことであろう。それは陰鬱で濃厚なメキシコ文化、暗いようで明るいメキシコ人をほうふつとさせるが、また深い海底をのぞきこむような、眩暈と不安を感じさせもする。

黒田さんは、新宮殿の把手の座にこの貝を使った。何しろ千差万別なので、四組ほど造るのに二千枚以上も集め、その中から適当なものを選んだと聞く。今もいったように、この貝は、中心の部分がいくらか質が変っており、貝屋の方では「虫貝」と呼んでいる。よく見ると、寄生虫の穴が沢山あって、それを予防するために、貝が自らの粘液で別の膜を作り、硬い防壁を築くのではないかともいわれている。が、虫がいてもいなくても、中心の緻密な部分は必ずあり、今までの習慣から、貝屋は捨てて顧みなかった。そこに目をつけたのが黒田さんで、いわば廃物利用から思いついた創作であった。

戦争がはじまると、次第に貝が手に入りにくくなった。貝屋も店を閉めて、空屋同然になっており、ある日そこへ立ちよってみると、人はいなくて虫貝が沢山放ってある。見るといかにも美しい。まわりの部分より鮮やかなくらいである。これは使えると思って、拾って帰ったが、例によって使ったのは十年以上も後のことで、昭和三十五年頃の伝統工芸展に、はじめてなつめを造って出品した。以来、虫貝ばかり手がけるようになり、新宮殿の場合は、一つの把手に大体三百個を三角に切って使用した。青いもの、赤いもの、いぶし銀のようなもの、大きくいえばその三種類にわけられるが、一つ一つが違うので、揃えるだけでも大変な手間がかかったという。

「天皇様は御専門なので、貝については私なんかよりずっとお詳しいです」

といわれたが、そういう御下問もあったことと思われる。メキシコ貝によって黒田さんは開眼したが、メキシコ貝もまたこの作家を得て、天性の美を完成したといえよう。そこでは自然の貝殻が持つどぎつい光沢は影をひそめ、その幽玄な色調と量感は、現代日本の粋を集めた宮殿にしっくり調和して見える。発見した時から正に六十年、黒田さんの感慨は深いと思う。

「螺鈿に自信を得られたのはいつですか、たとえば宮殿の把手はその頂点といえますか」

そういう意味のことを伺ってみると、こんな返事が返って来た。

「芭蕉は、一生の中に、一句でも、――いや、三句でしたか、出来れば名人だといったそうですが、私には未だ何ともいえません。仕事はその時々で、一生懸命にやるのは、誰しも同じことでしょう。ただ宮殿の場合は、周囲が大きいので、それにマッチするような、心構えだけはありました。別にあれが私の最高の努力の結晶とは思っておりません」

メキシコ貝に比べると、日本の貝は、同じ貝でもこうまで違うかと思われる程静かである。しっとりと、うららかで、触感さえも暖かい。夜久貝は、昔は「夜光貝」といい、黒田さんのお話によると、台湾の近くの夜久島で採れる（杉で有名な屋久島とは違う）。正倉院の御物、平等院や中尊寺の螺鈿には、皆この貝を用いているが、古くなると表面の光沢を失って白くなり、何ともいえぬ落ちつきが出て来る。黒田さんの説では、長年の間に摩擦されて、分子が摺りガラスの状態となり、酸化するのではないかといわれる。その為に生々しさがなくなって、いい味になるのだが、どこから見てもそれは日本の物であり、日本人の感覚である。自然は私たちが考える以上に、人間の好みや思想に大きな影響を及ぼしているに違いない。色彩の変化に乏しく、抵抗が少ない日本の貝は、この気むつかしい作家には向かなかったのであろうか。そうはいっても、しょせん黒田さんも日本人である。あまり濃厚なメキシコ貝ばかり手がけていると、日本の貝が使いたくなるという。物によっては、あっさりした方が似合う場合もあり、仕事は大体半々のようである。

天平時代から鎌倉時代（たとえば「時雨の鞍」とか、「桜の鞍」など）まで、日本では夜久貝しか使わなかった。なぜ手近な鮑を用いず、わざわざ遠国から取りよせたかといえば、それはたぶん「貴重なもの」という観念があったからで、夜久貝と鮑では、貝殻を見ただけでも格が違うのである。たしかに夜久貝には、一種の気品ともいうべきものが備わっているが、鮑を使わなかったのは、それだけの理由ではなく、鮑の表面にはいく分凸凹があり、それが大きな欠陥であった。当時は、まだ薄く切る方法を知らず、厚く摺ったままで使った為、なめらかな貝でないとやりにくい。有名な法隆寺の、「鳳凰文の唐櫃《からびつ》」などは、夜久貝の彎曲した面を、そのまま大きくはりつけてあるが、不自由な技法は、しぜん文様も大まかなものとなり、たっぷりと、豊かな感じを与える。鮑ではそんなことは出来ない相談だ。品格の相違と、技術面の両方から、鮑は長い間螺鈿の世界に登場することが出来なかったのである。

それがはじめて現われるのは、室町時代から桃山へかけてで、技術の進歩とともに、庶民の台頭を物語ってもいる。諸事はで好みな桃山文化は、急激に螺鈿の需要を増し、もはや貴重な夜久貝だけに頼るわけには行かなくなった。で、手近な鮑に目をつけたが、この貝には、柔かいことと、平たいという長所がある。難点は、皺の多いことだが、こまかく砕けばそれは解決する。ここに、たとえば明月院の漆椀に見られるような、鮑を用いた美しい螺鈿が生れることになったのである。

それと前後して、薄貝《うすがい》（へぎ貝）の技術も発明された。前にもちょっと記したように、これは鮑ではなく夜久貝で、一週間ぐらい火にかけると、雲母のようになり、それを薄くへいだり、砕いたりして、和紙か布にはりつけ、漆の生地の表面に置き、漆がかわいた後で水に流すと、紙（または布）がはがれ、文様だけが残るという仕組である。中国でも明時代にはじまったやり方で、この方法だといくらでも精巧な細工が出来る。平脱《へいだつ》（金銀の薄板を用いたもの）と併用することが多かったが、そういうへぎ貝の手法を一名「杣田《そまだ》」とも呼んだ。加賀藩士に杣田清輔という名人がいたからで、長崎にも、青貝長兵衛などという名工が続出した。

何事も便利に自由になりすぎると、技巧に奔るおそれがある。青貝の技術も、より繊細に、精巧になりすぎた結果、惰弱な細工物になりはててしまった。これは徳川末期の一般文化についてもいえることだが、今でもそういう風潮がまったく失せたとはいい切れない。手がこんでさえいれば、美しと見る人々は多いのである。黒田さんが一生を通じて戦ったのは、ともすれば日本人がおちいりやすい、その安易さと虚飾性にあった。正岡子規が「万葉へ還れ」と叫んだように、黒田さんも「昔に還れ」と主張する。天平から平安時代へかけての、あの力強い厚貝の復活である。黒田さんが、いわゆる伝統的な工芸作家とちがうのは、志賀さんも指摘されたように、物が見えることだと私は思っている。物が見える辛さは、直ちに物を造る困難さへと通じる。具体的にいえば、メキシコ貝を用いることで、青貝と厚貝を兼ねたもの、色彩と量感を同時に表現することに成功した。特に人が捨てて顧みなかった虫貝を取りあげたのは卓見である。出来上がってみれば何でもないことだが、創作とはいつもそうしたものであろう。

黒田さんは、オーストラリアの蝶貝を、「貝の中の女王様だ」と讃える。夜久貝のように、表面の光沢がなく、生れながらに上品で、落ちつきがある。形も大ぶりで、平たいから、使いやすいという美点もあろう。新宮殿の把手の座は、外側はメキシコの虫貝、内側は、この蝶貝ではられた。はるという言葉にはちょっと抵抗を感じるが、黒田さんの螺鈿は、正確にいえば象嵌（埋めこむ）ではなく、文字どおりはりつけるのであって、接着剤には勿論漆を用いる。そして、厚貝のモザイクのすき間を、更に漆で埋めた後、とぎ出すのであるが、「彫り出す」といった方がこの場合適切かも知れない。結果としては、象嵌と同じことになるので、「漆象嵌」と呼ぶべきか。はりつけるというと、簡単に聞えるが、実際には埋めこむ以上の手間と時間がかかる。

私はよく黒田さんが螺鈿の仕事をされている時、つづれの職人のように、爪が縦にさけ、その間に漆がしみこんでいるのを、痛々しく見ることがある。それは貝を摺りながらはめこむ場合、ヤットコなんか使っているひまがなく、爪まで一緒にやすりにかけてしまうからで、それに漆がしみこむと、痛いにきまっているが、仕事をしていると、つい忘れてしまうといわれる。そこまで打ちこまないと、気が済まぬのがこの先生の性分で、螺鈿はその一端にすぎない。そのような仕事ぶりが、「間尺に合わない」のは当然のことで、「宝」を扱いながら、いつまで経ってもお金がもうからぬ所以でもある。最近人間国宝になられたが、その生活は二十年、いや三十年前とさして変ってはいない。

民芸の誕生

何といっても黒田さんが幸福だったのは、好い友達に恵まれたことである。柳宗悦、河井寛次郎、富本憲吉など、いずれも十五、六歳年上で、友達というより大先輩であった。最初に出会ったのは、富本さんの『窯辺雑記』という著書で、こんな世界もあるのかと大いに啓発された。黒田さんが処女作を発表した大正の末頃（十八、九歳）のことで、世の中には新しいものが生れ出ようとする気運が漲っていた。

同じ頃、ある画廊で、河井さんの三彩の蓋物に接する。獅子に牡丹文の絢爛たる作品で、「何かぼうっと酔っぱらったような気分になった」という。富本・河井両氏の名は、その時以来脳裏に刻みつけられ、特に河井さんは「生きた国宝」とまで思ったが、中々出会う機会には恵まれなかった。それから三年程たって、ある日大阪で、河井さんの講演を友達と一緒に聞きに行った。彗星の如く現われた河井さんには、既に大家の風格があったが、その時何を話されたか、内容は覚えていない。が、内容なんかいくら覚えても仕様のないことで、しかとした手応えを感じさえすればそれでいい。河井さんとの出会いは、正にそういうものであったらしい。その夜の感動を黒田さんは、「開眼の縁」という文章の中で、次のように語っている。

「講演が済んで京都へ帰る汽車の中で他の連中は、何かガヤガヤ雑談しながら帰ってきたが、私は何故か一人黙っていた。それは今聞いたばかりの河井先生の話の内容は、平明簡素ではあったけれど、この友人達の不断話している芸術談とは何か水準の違う雰囲気をもっていて、直ちに全貌を把握出来るかどうか判らないながら、一人で繰り返し玩味していたのかも知れない。京都駅へ着き陸橋を渡って行くと、我々の前方を河井先生が一人で左手に何か大きな皿様のものを抱えて、あの独特のポーズで歩いて行かれる後姿を見つけたのであった」（「民芸」一九五四年二月号）

そこで友達から紹介され、駅前のハト屋という喫茶店で、一緒にコーヒーを飲んだ。黒田さんは興奮して、自分の仕事のこと、一貫作業を志していることなど、時のたつのも忘れてと、数日後に家を訪ねると、喋《しゃべ》った。その時河井さんから、ともかく作品を持って来いといわれ、印度製のメンコと、押型の小筥《こばこ》を、「これをよく見ておけ」といって渡された。
「私は禅家の公案でも貰ったような気持で家へ帰ったが、その夜を契機に具体的にも私には一身上の大きな変動が起って来る……」(同上)
一身上の変動とは、民芸運動に参加したことで、それを機に柳宗悦氏との交遊もはじまるが、同じ文章の中で、黒田さんは、民芸運動の発端についてもふれている。
「随分大ザッパな分類法かとも思うが、明治の自然主義の後をうけて、いわゆる白樺派の人道主義的精神主義か、マルクスの唯物史観の展開であったと思えるが、その白樺派の一人である柳先生の発掘による木喰仏の独自な表現法には、何か強く打たれるものを感じさせられたが、柳先生自身にお逢いしたのは河井先生のお宅で、その席では始終笑顔のよい好青年という感じであった」

柳さんはその頃京都の吉田の方に住んでおり、それから二年の間、一週間に三日ずつ通うようになった。一週間に三日というのは、友人の青田五良氏が、柳家の家庭教師をしていて、彼が行く日に集まることにしたからである。常連は、河井さんと、黒田さんと、青田さんの三人で、晩食の後、夜を徹して語り、終電車に乗るのが常であった。帰りは吉田から熊野神社まで歩き、おでん屋で夜食をするのが、いつの間にか習慣になっていた。その頃黒田さんはひどく貧乏で、着たきり雀の黒いマントを羽織っていたが、自分では何とも思わなかったのに、河井さんは屋台で、酒を飲みながら、よくそれにさわって泣いた。

「君、こんなものを着て、こんなものを毎日着て……」

と、後は言葉にならない。

河井さんは、そういう人であった。柳さんには、父親のきびしさがあったが、河井さんは母親のように優しい。そして、よく人の為に涙をこぼしたという。

「河井さんの涙にほだされた人は多いのです。棟方志功なんかもその一人であったろう」

当時を偲んで、黒田さんはそのように回想される。早くに亡くなった青田氏も、河井さんの涙にほだされた一人である。はじめて河井さんの作品を見て、彼はほしいと思ったがお金がない。そこで、直接手紙を書いて、月賦でゆずってくれ、と懇願した。切々とした文面を見て、河井さんはいたく感動し、あの青年は見所があるといって、直ちにグループの同志として迎え、死ぬまで面倒を見たのである。私は先生の晩年に一度しかお目にかかったことがないが、温顔の、やさしい老人で、その頃はオブジェ風な作品を造っておられた。およそ

「用の美」とは似ても似つかぬ作風なので、その理由をおたずねすると、「自分が楽しけりゃそれでいいじゃないか」といわれたことを思い出す。自分が楽しければ、それでいいとする態度に私は、いく分反撥を感じたが、殆んど付き合ったことのない私に、河井さんを論ずる資格はない。たぶんそんな風な、子供のように純真な人間であったのだろう。若い人達が魅かれたのは、無理もないことと思われる。

吉田の柳邸での会合は、今から思えば、民芸運動の準備期間であった。それから二年ほど経って、上賀茂に、いよいよ「民芸協団」が発足することになる。それについては、今までにも多くの人々が書いているが、何といっても黒田さんは発起人の一人であり、柳・河井・青田の諸氏も故人となった今日、ひとしお思い出は深いに違いない。

「その日は朝からよく晴れた洛陽の桜にはまだ少し早く、藪影の白梅は咲ききそってそよ風に一輪ずつ散らしているようなうすら寒いが穏やかな日和であった」(「民芸手帖」一九六一年十二月)

という書き出しにも、生き生きした喜びが感じられる。柳さんを先導に、四、五人で候補地を探しに出かけたが、上賀茂神社の近くに「かしや」と書いてあるのを見、入って行くと三百坪ぐらいの社家の邸であった。直ちにそこを借りることにきめ、柳・青田・鈴木（実）・黒田の四人で、その家を本拠に共同作業をはじめた。いっしょに暮して、仕事をするというのが、柳さんの理想で、一種の共産主義であるとともに、僧院のような生活を夢みたのである。

「私たちは、皆若かった。一番長老格の柳さんでも四十歳になったばかり、河井さんが三十九歳、青田五良が三十一歳、私（黒田）は二十四歳、鈴木実は二十三歳であった。人生に対して、夢も、真実も、持つことの出来る青年ばかりで、情熱を傾けて、此の運動に打ちこんで行ったのである」（同上）

だが、黒田さんには、七十を越した父親と、病身の兄がいた。その人達を捨てておいて、民芸運動に打ちこむことを、世間は「禅坊主のこじれた奴」と罵った。それでも硬い決心は変らず、「大八車に、材料と道具をつんで、上賀茂へ引越したのです。若いから出来たことなのですねえ」と、遠くの方をみつめるようにいわれる。仕事をするといっても、専門家は黒田さんだけで、後はずぶの素人の集まりである。小屋を建てることも、棚を造ることも、はては生活全般を支えることまで、みな一人で受け持つことになった。作品を売ろうにも、辛うじて売れるのは黒田さんの木工のみで、ここでも「縁の下の力持ち」に甘んずるはめになる。

そのうち、上賀茂にも、だんだん人が訪れて来るようになった。柳さんの紹介で、志賀さんや武者小路さんも訪問された。黒田さんが造ったテーブルを、志賀さんが買って下さった時は、天にも昇るほど嬉しかったという。小林秀雄さん、青山二郎さんとも、その頃からの付き合いで、中村直勝氏、大原総一郎氏、山本為三郎氏、岩井武俊氏など、財界人やジャーナリストの間にも後援者がふえて行った。岩井氏は毎日新聞の支局長で、民芸運動には特別熱心であったが、英国を訪れた際、バーナード・リーチ氏から、日本へ帰ったら河井寛次郎に会えといわれたのが最初であったと聞く。周知のとおり、リーチは子供の頃京都に住み、日本文化の動静については新聞人より詳しかったのである。

その中での変り種は、万龍と小光という祇園の名妓であった。私の宿のおかみさん（今は亡くなったが、佐々木はるさんという）も、その頃から大の民芸ファンで、家には当時の作品が沢山遺っている。黒田さんに紹介してくれたのも、そのおかみさんだったが、祇園の人は妙に新しいものが好きで、若い作家たちの面倒もよく見る。古い歴史と形式にしばられている為、革命好きになったのであろうか。明治維新の活躍ぶりを見てもわかるように、それは祇園ばかりでなく、京都人全体にも当てはまる気風かも知れない。武原はんさんも、この人は大阪の生れだが、熱心な後援者の一人であった。

民芸協団は、四人のパイオニアが、一ヵ月に三十円ずつ出し合って経営していたが、後援者がふえたので、頒布会も出来るようになった。そうして徐々に認められて行ったが、はじめて世間と接触したのは、昭和三（一九二八）年三月、上野で博覧会が催された時で、「民芸館」を出品することにきまった。柳さんの目的は、最初から美術館を造ることで、その為に協団は、前から物を買い集めていた。弘法さんや天神さんの朝市にも、当時は安くて面白いものが沢山あり、丹波布などは五十銭から二円ぐらいで手に入った。まだ高山も立杭《たちくい》も知らなかったが、そんな遠くへ行かずとも、民芸は至る所にごろごろしていた。人の見向きもしない、そうしたものに目をつけたのは、たしかに柳さんの卓見で、現在民芸館に蔵されているものは、大方その頃の蒐集である。この時の経験が、仕事の面に、どれ程役に立ったか知れないと、黒田さんはいわれるが、物を見る眼がこの買物で、一段と磨かれたことは確かである。

はからずも、そのことが博覧会に役立った。民芸館を建てるだけでなく、民芸を売る売店も設けたが、これが「民芸館」の前身であり、「民芸」の名のはじまりでもある。その時、柳さんが井桁のマークを考案した。井戸は水と関係があり、柳・河井・浜田・青田・黒田、みな水にちなんだ名前であるのを記念する為であった。井戸茶碗のことも念頭にあったかも知れない。建築も柳さんが設計し、家具は全部黒田さんが造った。インテリアは染織の人々、棚には陶器を飾るといった具合で、皆はり切って仕事にはげんだ。柳さんは、木工にも自信があるといい、硯の蓋に木工みたいなものを彫って出品したが、みたいなものとは、黒田さんの失言で、専門家の眼には、まったく似て非なるものと映ったに違いない。

黒田さんの作った大きな楕円形の食卓と椅子には「軍艦テーブル」という綽名がついた。青山二郎さんは江戸っ子で、地口の名人だが、その家具を見て、「あらいいクッションだこと、あらかけにくい椅子だわよ」とからかった。何といわれようと、彼等は楽しかった。その日その日が充実し切っていた。今から思えば、夢のような時代であり、羨むべき人達である。博覧会は、大成功裡に終り、民芸の名は徐々に世間へ浸透して行った。

この建築は、その後山本為三郎氏の邸内に移され、「三国荘」と呼ばれた。当時のことを雑誌「民芸」（一九五八年四月）に、山本氏自身が書いていられるが、日本全国から、材料と、大工と、調度品を集めた気力は、実に盛んなものであったらしい。「同志が本当に心を合わせ情熱をこめて作りあげた。最初の総合的な大試作で、竣工の時は皆感激して涙を流したものです」と記してある。

その再建には、新築以上の手間がかかり、家が出来上がっても、色々な意見が出て、「とうとう滅茶苦茶になってしまった」。船頭多くして何とやらで、これには山本さんも弱ったらしいが、家は住めなくなっても、同志の結びつきが固まったと喜んでいられるのは、昔の金持は鷹揚なものだと思う。

上野の博覧会と前後して、青山二郎さんが、晩翠軒の依頼で、朝鮮へ買出しに行き、李朝の陶器の展覧会を開いた。今でこそ、朝鮮美術も珍しくないが、当時は誰も知らなかったもので、その簡素な美しさは、忽ちにして人の心をとらえた。その中には、木工も混っており、黒田さんはそれを見たり、修理したりすることで、大いに得るところがあったという。民芸といい、李朝の美術品といい、世をあげて盛り上がる意気軒昂な時代であった。現在の繁栄は、それに比べると力がない。何か大切なものを見失ったような感じがする。

「その当初狂人扱いにされた私達は平凡な一市民になり、かえり見る人もなかった民芸運動は、全国に支部と民芸売店を持つ迄に発展したのであるが、何故か、私は、初期民芸運動の同志の一人として、素直に言って、喜んでよいのか、よく戸惑う者の一人である。閑話休題」（「民芸手帖」）

と黒田さんは記しているが、それはまた私達の想いでもあろう。物のはじまりが美しいのは、人間関係も例外ではない。結束かたき上賀茂の協団も、わずか三年足らずで終りを告げ、それぞれの仕事場に帰る。言葉をかえていえば、彼等は大人になったのだ。若者の理想や情熱は、たしかに美しいに違いないが、むつかしいのはそれを保って行くことにある。「民芸」という言葉を遺して、協団が崩壊したのは、むしろ喜ぶべきことであったかもわからない。以後、黒田さんも、「民芸運動」ではなしに、本来の自分の仕事に打ちこむことになる。といって、まったく離れたというわけではなく、彼等の友情はその後も長くつづいたが、真摯な作家としては、あらゆる「運動」から離れたくなるのは当然の成行きであったろう。黒田さんが、木工の専門家として、ほんとうに世間と対面したのは、この時ではなかったか。たとえば私などは、その作品を、「民芸」と思って見たことは一度もない。時代も忘れ、作者の名さえ忘れて、ただ「美しいもの」として受けとっている。

もともと手仕事は、黙々と一人で行なうものである。木工は、その中でも寡黙な存在で、長年連れそった女房であってみれば、黒田さんが現代の饒舌な民芸を、嘆かれるのも無理はない。先日、テレビを見ていたら、おかしなことをいっていた。戸隠の竹細工（竹籠の類）

についてであるが、「これは民芸ではなく、生活の必需品なのです」と。民芸という言葉も変ったものである。その時、私は、民芸は上賀茂で終ったのだ。わずか三年の命だった、そういうことを痛感した。私たちはその美しい憶い出をもって足れりとしなくてはなるまい。さいわい黒田さんには仕事場がある。仕事をするだけの体力も気力も持ち合わせていられる。民芸は、民芸家に任せて、私もここら辺で「閑話休題」としたい。

漆について

黒田さんは、漆について、面白い意見を持っていられる。漆を発見したのは、人間ではなく、蜂ではないか、というのである。

蜂の巣は、どんなに大きなものでも、細い一本の柄で支えられており、あれだけの重さに堪えるには、よほど強靭で恒久性のある物質でなくてはならない。しらべてみても、はっきりしたことは判らないが、どうも蠟ではなく、漆に似ている。漆に違いないと、黒田さんは思う。

雪どけから花の咲く頃、そよそよ吹く風を京都では「ぼんぼろ風」と呼ぶが、暖かい日ざしのもとで、漆を作っていると、時々蜂が飛んで来て、尻尾を漆につっこんで、さっと逃げるのがまことに早い。山の中では、漆の木のやにをとっていることもあり、そういう経験から、漆は蜂が発見し、人間がそれを真似たのだと、「ま、そういった学説を立てたのです」といわれる。

学者は何というか知らないが、この「学説」は面白い。経験から得たものだから、信じていいと私は思っている。黒田さんは実によく自然を観察する方で、その発見には独自なものがあるが、ついでのことに書いておくと、動物も非常に好きで、せまい家の中に、犬や猫がごたごた同居し、おまけに栗鼠《りす》まで飼っていられる。

「面白いですよ、暖かい部屋の中で飼っても、栗鼠は必ず冬眠します。かたくなって、死ぬのかと思っていると、生きている。大体三年が寿命だそうですが、暮しが楽なせいか、家では五、六年ぐらい生きます」

動物を可愛がるというより、彼等はまるで家族の一員のような顔をして、炬燵の中といわず、仕事場といわず、のさばり返っている。

そういう生活も、木工との付き合いの中から生れたような気がする。木を相手に暮していると（漆もむろんその中に入るが）、人間も自然の中に吸収されてしまい、またそうでなくては木と対話することも不可能になるに違いない。黒田さんは、怠け者だといわれる。のんびりしていることはたしかだが、それは怠けているわけではなく、黒田さんには、黒田さんの時間というものがあって、貝とか木とか漆とか、素材にしたがってすべてが動いて行く。お金はなくても、豊かに見えるのは、そうした暮しのたまものではなかろうか。

いうまでもなく、漆は最高の塗料である。これ程強く、長持ちする塗料は世界にない。特に日本の漆は優秀で、陶器のことをチャイナと呼ぶように、ジャパンといえば、漆のことを意味した。

その位の知識は私にもあるが、漆については何も知ってはいない。黒田さんに訊いてみると、困ったような顔をして、「ほんとの所は私にもわからないのです」といわれる。

先ず、それは液体の一種には違いないが、その液体自身が、乾燥する性質を持っており、水分がなくなると、乾かなくなる。そういう矛盾を秘めている為、漆を扱うことは中々むつかしい。ふつう外気の当らないふろ（室）の中に入れ、適度の湿気を与えながら乾かすが、いわば毒をもって毒を制するともいえよう。

それも部屋の状態、季節と風土、お天気や時間によっても左右される。寒暖計も湿度計も、ここではまったく役に立たず、ただ経験によって知る以外にない。というより、失敗によって覚えるといった方がいい。漆を濃くすることを、黒めるというが、大きな「黒め鉢」に生漆を入れて、太陽に当てながら、ゆっくり掻き廻すと、次第に水分がぬけて行く。これを数時間つづけると、素人目にも濃くなって行くのがわかるが、そうしてどろどろになったものを、専門語では「黒め漆」といい、「溜塗《ためぬ》り」や「色漆」の原料に用いる。だが、その場合、黒めすぎると、今度は絶対に乾かなくなる。水分がなくなると同時に、乾燥する性質も失うからである。

漆は、火にも弱い（弱いのではなく、乾く性質を弱める）。二十度ぐらいで、もう乾かなくなり、乾かなくなるということは、いくら塗っても、どろどろの状態で終ってしまう。夏は漆がしるく（やわらかく）なる為、いくらか使いやすいが、冬は堅くなるので、湯せんして暖める。その場合も暖めすぎると、乾かなくなるから始末に悪い。漆は生きものなのだ。細心の配慮と、不断の注意をもって扱わないと忽ち死ぬ。中国には「漆はしめりで乾く」という諺があり、液体の中の何が作用するのか、科学的に分析してもわからないという。黒田さんが、「漆はわからない」といわれるのはほんとうのことなので、付き合えば付き合うほど、その謎は深まって行くに違いない。

漆は英語でふつう「ラッカー」と呼ばれる。が、ラッカーと漆はまったく異質のもので、前者は動物性、後者は植物性である。近頃は合成樹脂のラッカーも出来たが、元はセラックスという貝殻虫の一種から採ったもので、蠟質である為、アルコールに溶解する。その溶かしたものが即ちラッカーで、俗にいうニス（ワニス）である。ラッカーの歴史は意外と古く、正倉院の献物帳には、「紫鉱」という名で記され、現に実物も残っている。漆に比べて、堅牢性がなく、アルコールに溶けるのが長所でもあり、欠点でもある。ただ漆より製法が簡単な為、昔は当座の用に間に合わせたらしい。使用もやさしく、素人にもわけなく塗れるが、漆の味と深みに欠けるのはいうまでもない。

「中国の古い諺に、政を見ること陶に如《し》かず、という言葉がありますが、それは漆についてもいえることです。平和がつづかないと、こんな面倒な仕事は出来ません」

そう黒田さんはいう。漆は日本産のものが最高だそうで、近頃は需要が多いので、中国からも輸入されている。質は日本のものに劣らないが、いい漆も悪い漆もまぜてしまう為、肝心の個性は失われる。画一化するのは共産主義の影響で、ここでも「政を見ること漆に如かず」といえるかも知れない。その他、南方からも入って来るが、暑い国ではゴム質が強くなるので、印度や台湾産のものは質が落ちる。何といっても日本の漆にまさるものはなく、質もこまやかで、艶も美しい。それも地方地方によって性格が違い、もっとも艶のあるのは北陸の漆だが、早く乾いて使いやすいのは吉野・紀州の産である。といっても、採集する時期によっても変るし、真夏と秋口ではもう違って来る。東北や九州にも上質の漆があり、一概にどこがいいと定めるわけに行かない。さすがに「漆はジャパン」といわれるだけのことはあるが、それは漆だけではなく、日本の一般文化についてもいえることだろう。よくも悪くもこの東海の孤島は、いわば世界の文化の吹きだまりみたいな所で、何もかも日本人の手にかかると、一層微妙に、精巧に、密度の濃いものに生れ変る。最近のように世界がせまくなっても、この特徴に変りはなく、めったに変ってほしくないと私は思っている。

　それ程有名であるに拘らず、日本の漆の歴史は、案外わかってはいない。縄文遺跡などから、たとえば弓の一部などに付着して出て来ることがあるが、それは弦を巻く部分を強化する為に、接着剤として用いたものに相違ない。塗料としてより、その方が先だと黒田さんは見ている。接着剤には、古くはにべ（魚の膠）、そくい（飯粒をねったもの）などが使われたが、漆ほど強靭ではなく、水に溶解したり、湿気に弱いという欠点がある。漆にはそういう弱味はまったくない。第一、還元させるものがない。一旦接着すると、もどることがない上、どんな細かい分子にも浸透してしまう。ここが漆のまことに面白い所で、学者によっては、原素の一つではないかと疑っている人もあると聞く。

そういう話を黒田さんから伺って、極く大ざっぱながら私にも、はじめてそのわからなさがわかったというわけだが、例の乾きすぎると乾かなくなるという性質には、日本の風土はまことに適していたらしい。勿論、ふろなどというものは、後から考えて作ったもので、漆は湿気が多く、また梅雨のある地方でないと育たないという。雨が多くても、暑すぎる地方は駄目で、アメリカ、欧州、アフリカなどは論外である。日本はその点、すべての条件が揃っており、漆自身も、漆の製法も、極度に発達した。現在でも塗りものの他に、船の塗料、染めものの型紙などには、欠かすことの出来ない材料である。蜂に伝授されたかどうか、今は知る由もないが、有史以前から使われていたことは確かだろう。

仕事をしながら黒田さんは、漆の木からしたたり落ちる樹液が、自然にかたまって行くのを見つめていた原始人を、時には想像することもあると語ったが、そういう時の先生の表情には、はじめて発見した人の喜びがあふれているようで、説明は出来なくても、漆の本質というものを、誰よりもよくつかんでいられるのではないかと思う。

今まで述べたことを総括すると、漆はあらゆる意味で矛盾しており、乾燥の点は別にしても、堅いかと思えば柔かく、強いわりには抵抗がなくて、こまかい分子にも浸透する。接着剤として、弾力性にとむだけでなく、見た目にも美しいし、手に持った感じも暖かい。実用と芸術性をかねた、こんな塗料は他にはない。近頃は研究が進んで、人為的に作ろうとしているが、科学的に合成しても、別のものになってしまう。欠点といえば、少し飴色をしていることと、かぶれることで、目下の学者の研究は、無色の漆を作ることと、毒性をとり去ることに集中されている。だが、かぶれるのは、毒によるのではなく、漆酸という特殊な成分の為で、実はかぶれるのではなくて軽い火傷《やけど》をするのである。私の想像では、その漆酸という成分が、漆に乾燥する力を与えているのではあるまいか。水分を失うと、乾かなくなるという、これが私には一番の苦手で、しつこく喰い下ってうかがったが、実地の仕事やふろの状態を見せて頂いて、いく分呑みこめたような心地がする。が、それは頭でわかっただけで、漆の謎は依然として深まるばかりである。黒田さんにもわからないものが、どうして素人の私に理解できよう。こうして書いてみると、「漆はわからない」といわれた最初の言葉が、一そう重々しい実感となって迫って来る。

塗りものについて

塗りものに用いる漆は、大きくわけると、「生漆《きうるし》」と「黒め漆」の二種類しかない。主として前者は下地に、後者は上塗りに用いる。生漆は文字どおり、木から採集したままの漆で、わずかなねばりと、空気に当ると黒くなる性質をもっているが、見たところは水のようにさらさらした液体である。生漆だけで塗ったもの（上塗りをしないもの）のことを「拭漆《ふきうるし》」というが、下塗りだけで仕上げるようなものだから、実際には大変な手間がかかる。何度も塗って、その度毎に拭いたりこすったりする為に、「拭漆」と呼ばれるが、一番簡単な茶托の類でも、黒田さんは十回以上も重ねて、艶出しをする。そうするうちに下の木理がくっきりと現われ、使っている間に馴れて、美しさと深みを増して行く。

日本の漆器に比べると、朝鮮の膳や片口などは素樸《そぼく》なもので（それはそれでまた別の味わいがあるが）、白木のままでは汚れる為、はじめは必要にせまられて塗ったものらしい。朝鮮や中国では、大ざっぱに塗り放してあったのを、日本人が手を加えて、自然の素地《きじ》（木地、生地、器地とも書く。以後、私はそれぞれの場合に使いわけることにしたい）を活かすことを思いついたのではなかろうか。いかにも日本人が考えそうなことで、そういう意味で拭漆は、もっとも原始的な手法であるとともに、天然の素材が持つ美しさを、存分に発揮させることが出来る手法である。黒田さんにいわせると、拭漆は、鮒釣りによく似ており、技術としてはまったく腕の見せ所がない。といって、きりなくやろうと思えば、きりがないそうで、重ねれば重ねる程深い味が出て来る。一名「摺漆《すりうるし》」ともいうが、塗るというより、摺りこむといった方がふさわしい。最初は、モスリンか毛織物のような荒い布地を使い、次に渋につけて乾かした柔かい布で拭きあげて行く。これには「渋こし」という名称もあるが、渋につけてある為、埃がつかないという特典があり、更にその上を吉野紙（これも渋につけてある）で拭き、最後は手で仕上げをする。漆は手で拭くのが一番理想的で、へらや刷毛《はけ》や布が作った筋跡を消してくれるが、そんなことも一々考えてするわけではなく、長年の経験が、しぜんにそういう順序を作りあげたのである。

茶人の方では、「千度摺り」、「千遍摺り」などという言葉もあり、何回も重ねて行くと、だんだん色が浅くなり、肌がガラスのように滑らかになって、透明度を増して行く。五回と十回では、はっきり区別がつくが、十回と十一回では、さすがの黒田さんも見分けがつかないといわれる。「千度」というのは誇張でも、手をかける程美しくなることは確かで、関西弁でいうまったりした味が出て来る。だから簡単に見えても、根気を要する仕事であり、一回塗る度に乾かすだけでも、最低四、五時間はかかる。「忘れる程ほっとけ」というのが、漆芸の極意だそうで、漆はどんな場合でも、時間をかける程いいのである。

生漆はさらさらしているので、(拭漆の他は)下地にしか使えない。その場合は、色々なものと混ぜ合わせて用いる。砥粉《とのこ》と混合したものを「錆《さび》」、この「錆」に地《じ》ノ粉《こ》(素焼の粉または砥石の粉)を加えたものが「地」、うどん粉とこねたものを「麦漆」、麦漆と鋸屑《のこくず》を合わせたものを「コクソ」(木糞か?)といい、いずれも本堅地塗り(上塗り)の下地とか、隅々の補強、傷の修理などに用いる。それとは別に「瀬《せ》〆《しめ》」といって、特別強い性質の漆があり、同じく補強の為に用いるが、中でも「別天《べってん》瀬《せ》〆《しめ》」と名づけるものが最高で、丹波の山奥で採れるというが、今はほとんど作ってはいない。

漆は春から秋へかけて、自然に樹脂が蓄積。それを漆桶に採集するが、ついでのことに書いておくと、漆はとるのではなく、かくというのが正しい。漆かきが毎朝山へ入って、木に傷をつけ、午後になって樹液(漆)がにじみ出るのを集めるが、ふつうは一本の木から一日に一匁ぐらいしかかけない。その後、秋から冬の間に枝を伐り、体内に残った樹液を、しぼり出したものが「瀬〆」である。しばらく水に漬けた後、木の皮をはいで、幹や枝を叩きながらしぼるが、いわば残滓だから極く僅かしかとれない。これは箱の合口とか、なつめの切口など、要所要所をしめる為に使い、完全に乾くと石のように硬くなって、ちょっとのことでは壊れなくなる。玄人仲間では「室《むろ》くさらせ」ともいうが、それは瀬〆が乾きにくい為、湿気と温度を高くするので、室が早く傷むからである。この漆が乾きにくいのは、自然に流れたものではなく、採集する時、無理にいじめつけるためで、それが自然に乾くという、漆の特徴を弱める。そのかわり粘着力が増すのは、黒め漆の場合にもいえることで、漆は人手を加えることによって、ねばり強くなり、乾きにくくもなるのである。

　なつめを例にとると、先ず白木の素地に生漆をかける。これを「捨てずり」といい、黒田さんはそういう所に最上の漆を使っている。次にコクソでつぎ目の所や傷がついた部分を埋め、どろどろした麦漆で麻布をはる。はるというより、かこむといった方がふさわしい。専門用語では、「着せ」ともいい、着物を着せるように全体をおおう。その度毎に、時間をかけて乾かすのはいうまでもないが、そこで地粉をへらでならしながら、布目がうつるのを平らにして行く。これを二度か三度くり返す。塗りものでは、ここがもっとも大切なところで、その仕事の如何によって、「品物の将来」がきまる。

　その辺から瀬〆で要所要所をかため、錆を用いて肌をととのえ、砥石でならして形を正す。これを二度以上して、乾かした後、なるべく長時間おく。錆の名が示すように、この過程ではどす黒い色になって、分子もこまかくなり、大体それで下地が出来上がる。螺鈿の場合は、ここで貝を埋める作業が入るが、ふつうの場合は下塗りをするだけで、基礎工事ともいうべきものが完成する。

なつめや箱の場合、身と蓋がしっくり合うことが珍重され、むつかしいことのように思われているが、黒田さんにいわせると、そんなことは何でもない、下塗りで自由に操作できるからである。それより下地をしっかり造ることが肝要であり、かつ根気の要る仕事でもある。何度も捨てずりをし、ならしては塗り、塗っては乾かすということが、五、六回はくり返される。こう書いてしまうと簡単だが、実際に見ていると、下塗りがどんなに面倒なものか、黒田さんが一番苦心されていることがよくわかる。いつ行ってみても、仕事場には、未完成の作品が、棚の上にぎっしりつまっているが、それは忙しい現代人を見下して、憐れんでいるように見えなくもない。いい仕事は急いでは出来ない。「忘れるほど放っとけ」というのは、何も漆にかぎることではないと思う。

乾くというのは、しまることである。表面が乾燥するだけでなく、内部から収縮する。正確にいえば、漆がしみこんだ素地がしまるのだが、なるべく長く放っておくのも、狂いを少なくする為である。木は生きものだから、収縮するだけではなく、時には膨張する。素地と漆の、このかね合いは微妙である。人間に出来ることは、何度も漆を塗って乾かすことだけで、後は神様に任せて待つのである。
昔はそういう仕事を見る人がいた。三条寺町にあった「みの屋」という漆器屋の主人などは、下塗りの仕事だけを買った。表に蒔絵があろうと、象嵌がほどこしてあろうと、それを通して中身に達する眼力をそなえていたのである。まるで千里眼のような話だが、手に持った重さとか、触感だけで、何度塗りか、直ちに見わけることが出来たという。だから職人達の間では、みの屋を通ればよしとされていた。今はそういう標準が失われた。ごまかそうと思えば、いくらでもごまかせる。それが腕のいい職人であるかのように見られている。黒田さんが反撥するのは、現代のそういう風潮で、見る人がたとえいなくても、絶対にごまかすことが出来ない。ごまかそうにも、自分の気が済まない。それは名人だけが知る、孤独で、寂しい心境であるに違いない。

更覚良工心独苦

玄関には、鉄斎の、そういう書がかかっており、それはそのまま持主の気持を現わしているように見える。眼光紙背に徹せずとも、そのような心がこもる作品に、人が打たれぬ筈がない。塗りものにまったく知識のない私でも、こうして曲りなりにも仕事の跡を辿ってみると、その作品が美しいのは、下塗りの積み重なりにあることに気がつく。黒田さんの仕事は、どこまでも「縁の下の力持ち」なのだ。そして、望むと望まないに拘らず、今やそれは一つの思想に到達しているといえよう。

さて、そうして出来上がった下地に、今度は上塗りをするわけだが、黒め漆をそのままかけたものを「溜塗り」もしくは単に「素地漆」ともいう。私が理解したところでは、これは拭漆と本塗りの中間にある手法で、古い漆器の中には、どちらかはっきり区別のつきかねるものもある。たとえば金輪寺の茶入（大雲院蔵）などは、手ずれの跡が残っており、拭漆と溜塗りを併用したのではないかと、黒田さんは見ている。昔はそういう区別があまりなく、ざっと黒め漆をかけたのかも知れないが、もともと素地を活かすのが目的であるから、両者の相違は紙一重で、溜塗りの方が拭漆より、いくらか肉が厚いと思えばよい。

私が毎日のように愛用している椀は、溜塗りの代表的な作品で、至って丈夫で使いやすい。大ぶりな形と、飴色の漆がしっくりと調和し、使っているだけでおおらかな気分になる。長い年月の間に、溜塗りの下から美しい木理が現われて来るのも、使うことの楽しみの一つといえよう。これを頂いた時、黒田さんは、半年ぐらい風にさらしてくれ、といわれたが、そうしている間に表面の黒みが消え、透明な飴色の肌になって、木理もすけて見えて来た。黒め漆の中にも、「本黒め」とか、「八分黒め」とか、使う目的によって濃度の違いがあるが、新宮殿の椅子は「朱溜《しゅだめ》」といい、朱で塗った上に溜めをかけたものである。

　その反対のもの——素地より塗りに重きをおいたのを「ろいろ」という。ろいろは蠟色であろう。ここでは素地を活かすかわりに、漆そのものの美しさが強調される。その方法は、中塗りを充分した上に、黒漆（黒め漆に鉄をまぜたもの）をかけるが、漆は酸化する為に、どうしても表面に気泡が残る（眼には見えなくても、顕微鏡で見るとわかる）。それを木炭で研いでなめらかにし、更に「角粉《つのこ》」（鹿の角）で磨きをかけ、油と唾液を加えて、最後は手で仕上げをする。そうして出来上がったものを「ろいろ塗り」というが、黒田さんにいわせると、カット・グラス（そのカットした面）によく似ており、実際にもガラスのような光沢があって、つるつるしている。昔は鏡に用いたこともあるそうで、漆の中では一番上手《じょうて》の、見栄えのする仕事といえる。蒔絵の漆はろいろであるが、螺鈿の場合はとぎ出す為に、しぜんろいろの効果が出る。

　要するに、黒漆を木炭と角粉と油と唾で、磨きあげたものが「ろいろ塗り」であるが、ふつうはろいろにしないで、中塗りをした後、本塗りにとりかかる。「塗りたて」、もしくは「たて」ともいい、一回だけでさっと仕上げるのは、よほどの腕利きでないと出来ない。漆は手をかけるのも大変だが、手をかけないものは一そう技術を要する。そういう上手の仕事は、早くてきれいである。今は漆も研究されて、使いやすくなったが、昔のもの——秀衡椀とか、浄明寺、根来のたぐいは、漆も貴重品であったし、人間も神経質でなかったから、上塗りは簡単にほどこしたものが多い。今のやり方とは反対で、見た目は大ざっぱに、刷毛目の跡などそのままにしてあるが、それが却って美しい趣きを与えている。

ついでのことに記しておくと、根来は黒漆の上に朱をかけ、長い年月の間に、朱がはげて、下から黒がすけて見えるのが、面白い味になっているが、俗にいう「断紋《だんもん》」は、漆が収縮して出来た亀裂で、下塗りが厚い程大きな文様が現われる。今は断紋の贋物を作るのに、漆を紙に塗って割るとか、泥地（膠下地）でやっているが、断紋は漆のゴム質が収縮して出来るのだから、贋物を見破るのにそう手間はかからない。

以上述べたように、黒め漆は溜塗りのほかに、上塗りの土台に使い、色々のものを混ぜて用いる。朱には硫化水銀、黒には酸化鉄、黄には黄石、緑には孔雀石、白にはチタニウムといった具合に、顔料（鉱物性）と化合させるが、そうして出来上がったものが、「色漆」である。黒田さんは、この他に藍を使うこともあり、その場合は、下地に白か黄の漆をおいて、鮮やかな色彩を造り出す。最近は「漆絵」もしてみたいといわれ、絵も上手な方だから、これは老後の楽しみにぜひして頂きたいことの一つである。が、手のこんだ「蒔絵」などとは縁の遠い作家で、その本領はあくまでも無地の漆にある。

木工を求めて

黒田さんは、「漆を追求して行くと、木工に達する」といわれる。

この言葉だけではちとわかりにくいが、漆は塗料であるから、形がない。その基礎を造るものが木工で、土台がしっかりしていないと、いい塗りものは出来ない。いいかえれば、漆は下地が大切であり、その下地を支えるものが木工なら、それも下地の一種であるというわけで、黒田さんの考え方は、いつもそんな風に、物事を、奥へ深く掘り下げて行く。それがしぜん一貫作業の道へ通じるのであって、他人が造った木工では、満足することが出来ないのであろう。

いうまでもなく、工芸は、分業によって成立っている。木工だけ例にとっても、大きくわけると、指物師（板を組合わせる）、ろくろ師、刳り物師、曲物《まげもの》師などがあり、漆は漆で、山から採集したものを精製する漆屋から、塗師屋の手を経て、蒔絵師その他の加工屋に渡るまでに、なおいくつかの段階がある。昔はそういう職人達が、あたかも一つの肉体のように、互いに密接な関係を持ち、精神的なつながりもあった。現代は、そこに断絶がある。箱屋は箱屋、塗師屋は塗師屋で、互いにそっぽを向いて仕事をしている。しぜん作るものは、一般的な、個性を失った商品になってしまう。伝統工芸展なんか見ても、素人眼にもおかしく感ずるのは、うわべの装飾は違っても、中身は同じ箱だったりする。これでは理想的な分業とはいえまい。こういうことは染織の世界にもいえるのであって、黒田さんの言葉を借りれば、染めものも追求して行けば織物に達し、織物は糸と繭に至る筈だが、そこまで求める人は至って少ない。怠惰というか、鈍感といおうか、そういうことは文化の衰弱を示す兆候としか思えないが、それにつけてもまともな作家たちが、一貫作業を試みたくなる気持が、私にはよくわかるのである。

前述の木地椀を例にとってみよう。

私がこのお椀をはじめて見たのは、京都の宿で、元日のお雑煮が出た時であった。あまりいい味をしているので、古いものかと思って、おかみさんに聞いてみると、黒田さんの作品で、すぐ近所に住んでいられることもわかった。早速訪ねて、お願いしてみると、造ったのは戦前のことで、一つも残ってはいないといわれる。が、それ程望むならあらたにこさえて上げてもいい、ただし欅を一本買うので、百ぐらいまとまらないと損だということで、すぐ私は講中を募ることにしたが、出来上がったのは、それから一、二年先のことであった。小林秀雄さん、今日出海さん、福田恆存さんなどと分けたように記憶している。

それを機に、黒田さんとお付き合いするようになったが、先日お宅へ伺った時、当時の話が出、はじめてお椀を造った時の思い出話をして下さった。

それは志賀直哉氏の注文で、昭和十四、五年頃のことだった。近江には古くから木地師と呼ばれる集団がおり、ろくろを専門にして、素地の椀や盆をひいていた。木地屋、ろくろ師などとも呼ばれ、日本全国にちらばっていたが、特に近江の朽木谷は有名で、京都ではこの種のものを「朽木椀」とか、「朽木盆」と称して、素朴な味が喜ばれている。そういうものを造ってみないかと、志賀先生に勧められたのである。

例によって、黒田さんは、その本元が知りたくなり、直ちに朽木谷を目ざしてわけ入った。近頃は交通も便利になったが、八瀬・大原をすぎ、花折峠を越えて行く道中は、今でもかなりな難所である。峠を越した所は、安曇川の源流で、麓の「途中」という村までバスがあり、そこから先は歩いて行った。丁度支那事変の最中で、朽木谷にもうろくろ師はいず、わずかに安曇川ぞいの貫井《ぬくい》という部落に、一軒だけ残っていた。それから二年の間、黒田さんは、この山道を絶えず往復することになる。彼等の仕事は、白木の素地をひいて、若狭へ出し、仕上げは向こうでするという微々たる職業で、素材は主に栃であった。途中という地名は、近江からも京都からも、たしかに「途中」に当るが、本来は「栃生」と書いたのかも知れない。昔から栃の木の多い所で、今残っている「朽木盆」も、大方栃で造られている。

木地師については、私も度々書いたことがあるが、明治の維新までは、日本中のどこでも自由に木を伐る特権が与えられていた為、全国にその子孫がちらばったのである。いわゆる「流浪の民」で、良材を求めて山に入り、適当な木を見つけると、そこに掘立小屋を建てて住み、ろくろを作って、「荒びき」ということをした。材木のままで運ぶより、そうした方が運搬に便利だからである。黒田さんが行かれた頃には、未だ昔風の職人が残っていて、上手な人の仕事は、目にもとまらぬ早さであった。生木の角をとり、真中をチョウナで割って、みるみる形が出来上がって行く。それをろくろにかけて、一気に仕上げることを「むずびき」または「じかびき」といい、雑器はそのままでも使えたが、上等なものは、それからゆっくり乾かして仕上げる。そこまでが木地師の仕事で、後は塗師屋が受け持った。

「朽木盆」と呼ばれるものに、楕円形が多いのも、わざとそういう形にしたわけではなく、生木のままで早急にひいた為、長年の間にひずみが出たのであろう。それはそれなりで面白いが、大体木というものは、縦一に対して、横は二十倍も伸縮するものだそうで、栃はその中でも狂いやすい。職人たちの言葉に、「檜は昨日まで鳥が止まっていても大丈夫」といわれる程「おとなしい」が、栃は、「ちぢみもく」といって、縦にこまかくちぢれた線が入っており、これが狂いの元となる。だが、黒田さんにいわせると、「木は狂わない方がおかしいので、それは自然なことであり、木が生きている証拠でもある」というわけで、素直な檜を最高の優等生とみれば、さしずめ栃などの雑木は、暴れん坊の自然児にたとえられるであろう。そこにまた珍しい木理の変化も見られるのであって、木地師にはまことに似合った材料であった。

その頃貫井の村には、奇特な村長さんがおり、木地師の伝統を保存することに努めていた。従来のように、素地だけ造るのではなく、素地から塗りものに至る一貫作業を志す点で、黒田さんとも意見が一致したようである。が、村の青年達は、既に兵隊や徴用にとられ、折角建てた作業場も空家になっていた。黒田さんは、そこを借りて住むことにし、食事はろくろ師達といっしょにした。それは原始的な生活であったが、仕事の面では教えられることが多かったらしい。いつも世話になっているので、お盆の時にかしわを御馳走すると、「こんなうまいものは生れてはじめて喰べた」と感激するような人達であったという。そこで仕事をしながら、お椀の材料を探していると、平良《へいら》という平家の落人部落に、適当な材がみつかった。平良は、貫井からは西北に当る、丹波高原との境の山奥で、黒田さんはそこまで歩いて行って、材木を見、大八車をひいて下までおろした。この旅は大変印象が深かったようで、「ずい分苦労をしましたが、面白かった」と回顧されている。

はじめにもいったように、黒田さんの家は大聖寺の出だが、それ以前は丹波篠山の朽木氏の家老であった。その家の次男で、前田の殿様に見こまれて、大聖寺の飯田家へ養子に入ったと聞くが、朽木谷の名称は、その朽木氏から出ている。室町時代には広くこの辺を領し、庭園の跡なども残っているから、黒田さんの先祖も、かつてはここに住んでいたに違いない。そういう意味でも、縁の深い土地であり、木地師たちとの生活は、生涯忘れえぬ思い出となったであろう。

黒田さんが木工を志したのも、表面より下塗りに重きをおくのも、何か遠い祖先との因縁があるような気がしてならない。そういう教養というか、身についた性癖みたいなものは、一朝一夕で出来上がるものではない。たしかにこの作家には木地師の血が流れている。血といわないまでも、伝統が生きている。彼らと暮した二年間の生活は、黒田さんに大きな影響を与えたのではなかろうか。

お椀を造る方法は色々あるが、貫井では先ず荒びきをした後、ふつうは二階へあげて、少時放っておく。下でいろりを焚くから、丁度いい具合に乾くのである。そうして乾いた素地を再びろくろにかける。これを「中びき」といい、上等なものは三回ぐらいひいて、次第に形がととのって行く。乾くのは厚さによっても違うが、少なくとも半年か一年、長い程いいのは漆の場合と同様である。荒びきした後、釜で煮るやり方もあるが、急いですると必ず欠陥が出て来る。その他、乾燥剤などを使って早く乾かしても、先ず大体は失敗する。何といっても、木工は自然乾燥にまさるものはなく、それはまったく嬰児が体内で育つように、人目にふれない所で形成されて行くのである。

「二十世紀は、物のない文化といえるかも知れません。生れ方が弱い」

と、黒田さんは嘆息するが、物は私たちのまわりにありすぎる程あっても、魂を持つ物は何と少ないことか。黒田さんの作品にはそれがある。魂といって悪ければ、作者の心がこもっている。木地椀などは、その中では微々たる存在にすぎないが、そんなささやかなものにも、はかり知れない程の愛情がそそがれているのだ。人の心を打つのは当然のことといえよう。

黒田さんは口癖のように「木は生きものだ」といわれる。その一例として、ある時、古材の割れたものを見せて下さった。奈良の有名な寺から出た欅の板で、切った時から少なくとも四百年は経っている。これを手に入れた時は、うれしくて、早速仕事にとりかかったが、厚いので先ず二枚に切ってみた。すると、忽ち曲ったので、真っ直ぐにしようと思い、くさびで止めたとたん、真っ二つに割れてしまった。これは黒田さんにも意外だったらしい。四百年も枯らした古材が、狂うとは信じられなかったのだ。もっと時間をかけて、ゆっくり処理すべきであった。古材と思って、油断したのがいけなかったと、残念がっていられるが、動くというのは、たしかに生きている証拠で、木は一体何千年ぐらい生きるのか、見当もつかないといわれている。

欅はそんな風にいつまで経っても狂うが、一番素直な材は檜で、塗り下としても最上だし、刃物に合って、手ざわりが気持いい。材質も中庸で、弾力性にとみ、黒田さんは「木の中の王様だ」と褒める。中でも「尾州檜」は最高で、木曾川を筏で下って来る間に、あくがぬけて、うまい具合に枯れた。昔はそういうことが、実に手順よく行なわれており、人間が手を加えずとも、自然がすべてを処理してくれたのである。

「尾州檜」にまさる材は、世界中探してもみつからないというが、木の味の面白さとしては、欅、梅、栗、柿などが優れ、木理の美しさといい、丈夫さといい、代表的な素材といえる。昔から、神社は檜、寺は欅ときまっていたのも、どこから出た思想か知らないが興味がある。前者は針葉樹で、山林の中で育ち、後者は濶葉樹で、平野の一本立ちであるのも、日本の代表的な樹木で象徴したものに違いない。

よく使われる木に杉もあるが、材木の中では柔かく、年い年月の間には痩せるので、工芸品には向かない。檜から木の瘤に至る、あらゆる材料を手がけた黒田さんは、それぞれに特徴があって、どれが一番いいとか好きとかきめられないけれども、桑だけは茶臭があるので、あまり好まないといっている。近頃は竹に興味を持ち、時々花生けを造っていられる。何々斎といったような、竹専門の作家とは違い、いかにも黒田さんらしい大ぶりの、スカッとした作品で、西洋間にもよく似合う。黒田さんとしては余技にすぎないであろうが、竹にも実は長い歴史があって、昭和のはじめ頃、青山さんが李朝の展覧会をした時、斑竹の小棚に魅せられたのが最初であった。例によって、すぐ造ってみたいと思ったが、何分にも竹の知識がない。仕方なく、煤竹を使ってみたが、ついに物にはならなかった。去年（一九七〇年）三越で展覧会を催した時、ふとそのことを思い出して造ってみたというが、黒田さんの作品は、思い立ってから三、四十年はかかるのがふつうらしい。

竹の中では、光悦の「一本水仙」と名づける茶杓が、一級の作だと教えて頂いた。私は未だ見たことがないが、素直な姿が美しいそうで、茶臭が嫌いな黒田さんも、光悦には深い関心をもっていられる。竹の細工は簡単なように見えても、自然の姿をそのまま活かすので、材料を吟味するのがむつかしく、窓（穴）一つ開けるのにも非常な神経を使う。が、お茶の方では色々制約があり、竹の専門家は、竹林ごと買いしめてしまうので、黒田さんのところへは、ろくな材料は廻って来ない。竹屋は上下のいい所を切って、根っこだけ持って来たりする。それがもっけの幸いで、型や約束にしばられることなく、却って自由に製作できるというが、ここでも廃物利用が独創的な作品を生み出しているのだ。

が、何といっても本職の木工とは違うので、竹を扱うことはいい気晴しになるといわれる。そういう気持の余裕が現われるのか、私は黒田さんの竹の細工が好きである。名人の余技ほどたのしいものはない。そういえば鉄斎も、絵は余技であるといい、その余技だけが世に残った。別にそれだけ勧めるわけではないが、肩の凝る作品ばかりでなく、これからはこのような小品も、沢山造って頂きたいと私は思う。

木工の旅

先日伺った時、机の上にインキ壺がのっていた。朝鮮風の面とりがしてあり、手なれた味わいが何ともいえぬ。伺ってみると、これも志賀先生の旧蔵で、インキをじかに入れたのか、所々しみ出している。志賀さんが奈良におられた頃の作品というから、多くの傑作が、このインキ壺で書かれたのであろう。そう思うと、おのずから一種の感慨が湧く。

黒田さんにとっても、思い出深い作品であるらしい。話はまた戦前に溯るが、二十九歳、といえば昭和九年頃のこと、突然北海道の知事から招かれたことがある。当時北海道には、木はあっても産業はない。原木を移出するだけで、加工の技術を持たないことは損だと考えたのである。今の言葉でいう産業開発だが、河井寛次郎氏に相談を受け、毎日新聞の岩井氏も勧めたので、急に出発することにきめた。民芸を広める為に、絶好の機会と思われたのであろう。八月三十日に話があり、九月一日にはもう札幌の駅頭に立っていた。ふだんは悠長に見える黒田さんも、いざという時は早いのである。早速、琴似《ことに》という所の試験所に、木工部を新設し、指導をはじめたが、四ヵ月目に、父キトクの報に接し、急遽帰宅する。北海道の滞在が、短時日に終ったのは、父上が他界されただけではなく、先方が考えていたことと話が食い違ったためもある。地方の役人と、黒田さんのような作家では、それも無理からぬことであったろう。向こうはすぐ商品化することが目的で、黒田さんは根本的な仕事を教えこもうとする。話が通じないのは当り前だった。はじめのいきごみが大きかっただけ、この失望はこたえたに違いない。インキ壺は、その期間中に、北海道で得たタモの瘤で、寂しい気持に耐えて造られたものである。ことさら頑丈に、しっかりと彫ってあるのも、そういう気持のあらわれであろうか。

このような木理を、専門用語では、「ぶどうもく」といい、ぶどうのように丸くて、もくもくした文様がある。虫が寄生したり、傷がついた所を、癒すために出来るタコみたいなものだから、堅そうに見えても、実際にはやわらかい。ふつう欅や樟のような大木に発生し、中でも花梨《かりん》の「ぶどうもく」は美しい。北海道での仕事は、結局それだけに終ったが、こと志と違っても、その時造った木工部が未だに残っているというのは、せめてもの慰めというべきであろう。

その後も方々へ頼まれて出張されたが、多くは失望に終ったようである。黒田さんは次第に孤独になってゆく。

「無理もありません。こんな手のかかる仕事を誰もしたいとは思いませんからね」

それにも拘らず、本人は、ますます手のかかる仕事に深入りする。ここ数年来、蔦に興味を持ち、何かというとその話が出る。今度これを書くにつき、詳しく伺ってみると、数年どころか、四、五十年も前から目をつけており、その辛抱強さに私は改めて驚いたのであった。

それは未だ二十歳にも満たない頃のことだ。岡崎美術館の前身を、「京都商品陳列場」といったが、そこではじめて黒田さんは金輪寺の茶入を見た。説明書に、「蔦」とあったので、京都中の材木屋を探してみたが、どこにもない。聞いたこともないし、見たこともないと、変な顔をされたという。

だが、ひと目見た茶入の姿が忘れられず、蔦が手に入らないので、さるすべりで造ってみたりした。その後、京都や大阪で、茶器の展覧会がある度に、金輪寺型の茶入を見ることがあったが、大雲院蔵の本歌に及ぶものはなく、自分ならもっといいものが造れる、今にきっと造ってみせると、ひそかに誓ったそうである。

ここでちょっと金輪寺について記しておくと、南北朝時代に、後醍醐天皇が吉野に籠られた時、吉野山の蔦で、薬を入れる為の薬器を造った（一説には、一山の僧に茶を供する為、なつめを造って配ったともいうが、当時の茶は、薬として扱われていたからであろう）。当初のものは、京都の大雲院に、一つだけ残っているが、蓋の裏に朱で「勅」と記し、底には「廿一ノ内」とあるから、はじめは少なくとも二十一個は造ったものに相違ない。室町時代に至って、茶道が盛んになるにつれ、それが道具にとり入れられて、「金輪寺茶入」と称して賞玩され、一つの型が出来上がって行った。

そういう次第で、世に「金輪寺茶入」は沢山あるが、姿といい、味といい、本歌に及ぶものは一つもない。「勅」とある所を見ると、天皇の命によって造られたに違いないが、後醍醐天皇という確証はなく、大体金輪寺がどこだか、何だか、一向にわかっていない。吉野の蔵王堂の裏手に、「金輪王寺跡」と称する所があり、かつては天皇の行在所となっていたから、もしかすると、その省略かと思われるが、別に丹波にも「金輪寺」という寺が三つもあって、その一つは薬を扱ったともいわれるので、或いはその辺から出た名称であったかも知れぬ。というわけで、この茶入は、有名なわりに、出生については、何一つわかってはいないのである。

日本の美術品が、大方そのような伝説で成立っているのは興味がある。逆にいえば、物を愛したから多くの伝説が生れたのであって、その一つ一つが故人の想いの刻印ともいえる。そういう衣に包まれていたればこそ、今まで遺ったのではないだろうか。大体が、地味で、見栄えのせぬ容器である。知らない人には、一文の値打ちもない。もし、かりに屑屋の店先にころがっていたら、何人の人がふりむくか。そういう特殊な美しさに、黒田さんは、既に十八、九の頃から魅せられていたのである。

メキシコ貝の場合と同じように、蔦は手に入らぬまま、何十年かすぎた。

ある時、石川県の山中へ行く途中、大聖寺で乗りかえるのに、時間があったので散歩をしていると、店先で欄間を彫っている人がある。何の気なしに眺めていると、「黒田先生ですね」と呼びかけたのが、林龍代《りゅうだい》さんであった。林さんは富山県では著名な彫刻家で、もしやと思い、話のついでに蔦のことを聞いてみると、そういえば弟子の一人が、先日蔦の話をしていた。たしか、富山の庄川の奥にあるといい、例のオブジェとかいうお花の材料に使う為、花材屋さんが扱っているとかで、黒田さんは早速その足で訪ねてみることにした。

それは今から十五年ぐらい前のことで、蔦を探しはじめてから三十年の年月が経っていた。庄川の上流であろうか、深い谷底をのぞきこむと、そこに大きな蔦が生えているのが見えたと、何度も話されたことを思い出す。しばらく経って、その蔦がとどいた時には、うれしくて、一緒に撮ったという写真も見せて下さった。二股に分かれたひょろ長い木と並んで、同じようにひょろ長い先生が、ステテコ姿で丈くらべをしていた。何といっても、三十年以上も待ってめぐり合ったのだ。「めぐり合う」という言葉が、これ程ぴったりした瞬間を私は見たことがない。

その蔦の材で、はじめて造った作品を私は頂いた。先にも書いたように、拭漆で仕上げてあるので、使っている間にいい味になった。以来、蔦が手に入る度に、同じ茶入を何十造られたことか。蔦は金輪寺と定めたようで、創作は一つもない。創作ばやりの世の中に、これは珍しいことだが、そういう所に私は、この先生の謙虚な心を見る。

「金輪寺の茶入は、木工として最高のものです。が、一般には知られていないし、見る機会もない。こんな美しいものがあるということを、私は世の中に知らせたかった。それだけのことです」

金輪寺ばかりでなく、黒田さんの作品のどれ一つをとってみても、厳密に創作と名づけられるものはない。にも拘らず、どれにもはっきりした個性の印があり、ひと目で先生の作品ということがわかる。そこの所に、一般工芸作家との大きな違いが見られると思うが、創作にこだわらないのは、裏返していえば、黒田さんの自信ということになろう。

「創作というのは大変なことなのです。ハタ迷惑になりかねない。下手な考え休むに似たり――これは将棋の方でいう諺ですが、木工の仕事も同じことです」

といい、またこうもいわれる。

「古来、ほんとうにいいものは、創作の上に立っている。それも自分だけではなく、周囲の条件が、それをなさしめた。個人の力なんて知れたものです」と。

最近お訪ねした時は、新しい蔦の材が皮つきのままで届いていた。黒田さんは御機嫌で、早速鉈で皮をそぎながら、合間合間に話をして下さる。

——蔦、とひと口にいっても、四種類ほどあって、富山のものは「おかめ蔦」が多い。たとえばこれなどでも（と今着いたばかりのものを手にとって）、みんな種類がちがいます。蔦かずらという言葉もあり、大きくいえば、藤も、葛も、その中に含まれるので、ちょっと見ただけではわからない。が、草かんむりの植物は、どんなに木に似ていようと、あくまでも草は草で、サクサクとして柔かい。木とは手応えが違うのです。

ふつう山奥で伐った蔦は、そのまま六ヵ月ほど川の中に漬けておく。すると自然に皮がはがれるから、これを取り去って再び水に漬ける（お宅では大きなたらいの中に入っていた）。そうして荒びきした後、蔭干しをするが、中を刳っておくと早く乾燥する。三ヵ月ほど経って、ろくろで仕上げにとりかかり、これを「中仕上げ」といって、殆んどの形がここでできまる。が、木はまだ動くので、その状態で、更に二、三ヵ月、蔭干しをする。乾燥をみるのは、外からでは中々わからないが、手で持った重さで知ることが出来る。最後の仕上げは、かんなと小刀を使ってけずり、前述の拭漆を二十回も重ねて、ようやく完成するのである。

そういう話の間に黒田さんは、こんなことをいわれた。――金輪寺の本歌に、廿一ノ内と記してあるのが、いつも自分の気にかかっている。二十一も造ったとすれば、他にも遺っているかも知れない。吉野には後醍醐天皇の遺品があり、また大和の「陀羅尼助《だらにすけ》」の本舗の主人は、薬器について詳しいと聞いている。一度訪ねてみたいと思っているが、まだ行く折がないのだ、と。

丁度私は吉野へ取材に行くついでがあったので、では御一緒に、というと大変喜ばれ、翌日私達は大和へ向けて出発した。小春日和の気持のいい朝で、山の辺の道でお弁当を食べた後、大和高田へ向う。その市内の根成柿《ねなりがき》という村に、陀羅尼助の本舗があり、とりあえずその御主人を訪ねてみることにした。

陀羅尼助は、山伏の使う漢薬で、略してダラスケともいう。大きな、旧家らしい邸だった。御主人は辻清六氏といい、近頃は新薬も沢山作っていられる。根成柿とは珍しい名前だが、先日どなたか小説家が取材に見えたという話で、私にはそれが水上勉さんであることがすぐわかった。「中央公論」に連載中の「宇野浩二伝」を読んでいたからで、宇野さんはしばらくここに住んでおり、その家ははからずも辻家の真向いにあった。そんな所から話がほぐれて行き、蔦の茶入のことを伺ってみると、明治の中頃までは、中国から薬が輸入される時、必ず蔦の薬器に入って来た。蔦は保存によいからで、乾燥剤の役目もかねたのである。「雑な造りですが、中々味なものでした」と、辻さんはいわれたが、残念なことに、お宅には一つも残ってはいなかった。用が済めば使い捨てるような雑器だったのであろう。金輪寺の茶入も、はじめはそういうものを模したので、「廿一ノ内」一つしか残っていないのは、それ程大切にされなかったのではないか。いってみれば、それは民芸の一種で、茶道もはじめはそういうものに目をつけたのである。民芸という言葉も、近頃はあいまいになっているが、柳さん達が志したのは、真向うから茶道に反対したわけではなく、茶臭を廃して、茶道本来の姿に還すことであった。民芸運動とは、実は利休の精神の復活にあったと私は思っている。

話が少し横道へそれたが、そんなわけで、薬屋さんでは待望の茶入を見ることが出来なかった。御主人は気の毒がって、わざわざ金庫の中から、麝香《じゃこう》とか黄蘗《おうばく》とか、貴重な薬の原料を出して見せて下さる。いかにも旧家の主人らしい温厚な人物で、家では参考にならなかったから、吉野山へ案内して下さるという。で、私達はそのまま辻さんの車で吉野山へ向ったが、高田から峠を越えると、もう山が見えて来て、三十分足らずで着いてしまった。

冬の吉野山は森閑としていたが、思いの外に暖かく、東南院というお寺に立ちより、そこの住職の案内で、吉水院をたずねる。吉水院は、一時後醍醐天皇の行在所になった所で、その頃の遺品が沢山残っている。冬は観光客もないので、閉め切ってあるのをわざわざ開けて、宝物を出して下さる。蔦の茶入が三つあった。何《いず》れも金輪寺型ではあるが、大雲院のものほど古くはない。古い型は、蓋が傘のような形に、ややつき出ており、いわゆるなつめの合せ方とは違う。黒田さんの説によると、これは笠塔婆を象ったもので、時代が下るとともにそのやり方は少なくなり、ふつうのなつめ型になるのである。

吉水院の茶入は、いいものには違いなかったが、素人眼にも、桃山時代を溯るものではない。後醍醐天皇にちなんで、御供養の為におさめられたのであろう。それはそれで意味のあることで、大事な宝物に難癖をつけるつもりはないが、この旅はそういう次第で、目的は果たせずに終った。とはいえ、茶入の原型が薬器にあること、おそらくは修験道とつながりがあって、吉野に源流があるらしいことを、確め得たのは幸いであった。いや、収穫なんかなくても、はるばる吉野くんだりまで、蔦の茶入をたずねて行く旅は、のどかで楽しく、長くいい思い出として残るであろう。

黒田さんがもう一つ、興味を持っている木工に、我谷《わがた》盆というのがある。

「昭和八年の夏だったと思う。私は祖父の五十回年忌の法要の為に、父の故郷の山中町へ父と共に行ったのであったが、その折り宿をして呉れた父方の従兄の家で、関西ではあまり見掛けぬ、一木作りの一升枡の角を丸くしたような木工品を見たのであった。……私は心を打つものを感じたので、その木器について、根ほり、葉ほり聞きただして、それがこの山中町より九谷へ行く途中の我谷《わがたに》という村で作られたものであること、又そこではもっと違った種類のものもあり、今でも作っているだろうということなどが判った」(「民芸手帖」一九六三年九月号)

そこで黒田さんは、直ちに我谷をおとずれる。八月のさ中の暑い日で、六キロの山道を歩くのは、さすがにこたえたらしい。ようやく辿りついた村の中は、ひっそりと静まり返り、呼べど答える人はなく、心を残しながら、そのまま帰った。そうして、また三十年の年月が流れた。忘れたわけではなかったが、戦争や生活に追われて果たせなかった。実現したのは、昭和三十七年の五月で「北陸線の乗替えの時間待ちを大聖寺の町を歩いたのであったが、そこで林龍代君を知ったのである」(同上)。

蔦の消息を耳にしたのは、その時、その林さんからで、目的は我谷にあったというわけだ。たぶん黒田さんは、先に我谷へ行った後、庄川の上流で蔦を見たのであろう。ワガタニを土地の人々はワガタンと発音しているが、三十年ぶりで訪ねた村は変っていた。近々ダムに水没するとかで、そこらに使い古した木器が捨ててあり、お宮の額も我谷式の木彫であった。村の人々は木工品にはまるで関心がなく、「ガラスのはまった家」に住むことだけを喜んでいる始末。黒田さんは、何とかしてこの技術を残したい、今のうちに残さなければなくなる、と思ったそうである。

我谷の木工は、総括して「我谷盆」と呼ばれるが、材は栗が主で、丸ノミでえぐった線が力強い。栗と茶のアクで、真黒になっている所に味があり、こまかい神経を使わず、のびのびと彫ってある。黒田さんにいわせると、「民芸の特徴をもっともよく現わしている、天衣無縫の作」で、さいわい彫刻家の林龍代氏が、黒田さんの志を継ぎ、今では自分で製作するようになっている。ただ近頃のものは、いくらか硬くて、荒っぽく見えるが、技術さえ残して下されば、そのうちいいものが出来るに違いない。林氏の説では、この種の木工は元禄時代の発祥で、北陸一帯に広まっており、金沢では「太助盆」と呼ばれるとか。太助という名人がいたのでもあろうか。

新宮殿の椅子

新宮殿の「千草・千鳥の間」には、黒田さんの造った椅子が三十脚も並んでいる。高尾亮一氏の書かれたものによると、この部屋は「正殿へ上る人びとの控室としてつくられたもの」で、前者は六十六平方メートル、後者が八十五平方メートルの広間の真中に、ずらっと並んだ光景は壮観である。はじめて上野の博覧会に家具を出品した時から四十年、黒田さんの感慨はいかばかりであろう。

「明治開国以来、強い力で主流となったヨーロッパ文明崇拝の思潮が、気候も、風土も、習慣も、伝統も異なる日本を風靡したことはだれでも知る通りであるが、日本の椅子の歴史も埒外でなく、否それ以上かつてなかった生活様式をうみながら今日に至ったのである。そしてその造形においても他の文化現象と同じように創造への模索時代というか、試作期というか、洋服・洋食・洋館などと同じくまだ模倣の域を出ることなく、従って幾多の問題をはらんだままというのが実相のように思えるのである」(『千草・千鳥の間』三彩社版)

と記しているように、木工の中でも、椅子は黒田さんにとって、もっとも製作欲をそそる宿題であった。したがって、宮殿の椅子を造ったことは光栄でも、決して満足しているわけではない。「あれはほんの試作です」といわれた時には、私は思わずあっけにとられたが、黒田さんは、それ程自分に対してきびしい人であり、「仕事に終りはない」と信じていられるのだ。

椅子にはじめて興味を持ったのは、例によって、今から四十年以上も前の話である。昭和三年、といえば、未だはたちにも満たない頃、「白樺」に出たゴッホの「椅子」の絵に感動した。どうにかしてこんな椅子が造ってみたいと思い、上賀茂の民芸協団で、しきりに真似てみたが、うまく行かない。つくづくむつかしいものだと思ったという。そうするうちに、支那事変がはじまり、大きな仕事は出来なくなってしまった。椅子みたいな大物は、かかりっきりにならないと駄目なので、そんな暇も金もないままに、戦争に突入して行った。幸い黒田さんは、兵隊にも徴用にも行かずに終ったが、河井寛次郎氏が、陸軍の命令で、陶器で手榴弾を作らされており、その工場へ籍を置くことになって、初出勤の途上、円山公園のあたりで終戦のサイレンを聞く。世事に無頓着な黒田さんは、それでも何のことかわからず、夜になって家人からそのことを聞き、はじめて戦争が幕を閉じたことを知ったという。

戦後は食料探しに忙しく、富山方面へお米を買いがてらしきりに足を運んだ。富山に疎開していた棟方志功氏とも友交が深まり、民芸関係の人々とも知り合った。ようやく焼土にも平和が甦って、黒田さんは再び椅子の製作にとりかかる。注文主は、京都の北村又左衛門氏で、この方は有名な吉野の山持ちである。で、吉野の杉を使うことになり、見本に椅子を一脚造ったが、こんな大きなものを置いたら、建築が壊れると大工から文句が出、それはお流れになった。昭和二十六、七年のことで、また黒田さんは椅子から遠ざかる。

何といっても、家具を造るのは大仕事だし、お金もかかる。材料だけでも、自費では到底あがなえない。そこへ現われたのが、映画監督の黒澤明氏で、御殿場に別荘を造るから、家具は全部任せるといわれた。渡りに船と、木曾の山中に立てこもり、適当な材木を探すことになった。裏木曾の付知《つけち》という部落で、中津川を奥へ入った私鉄の終点の、そのまた奥に林野局の貯木場があり、払い下げの材木を入札している。丁度お弟子さんの一人が、その権利を持っていたので、手筈はすべて順調に運んだ。

黒田さんも、黒澤さんも、はじめは欅を使いたかったが、予算が馬鹿げて高くなる為、檜で間に合わせることにし、山へ入ってみると、見事な原木が入札に出た。そのままで一年枯らして、製材してからまた半年ほど置く。黒田さんは現地へ仕事場を造り、息子さんやお弟子さん、美校の学生たちまで総動員し、のみや鋸も特殊なものを買い集めた。樵夫の村には、珍しい道具があるのも楽しみの一つであった。準備に一年、仕上げに半年以上を費やし、木曾から御殿場までトラックで運んだ。その朝の富士山はきれいだった、といわれたが、さぞ晴れ晴れした気持であったろう。

椅子は全部で十二脚あり、黒澤さん用のは特別大きく、「王様椅子」と呼ぶことにした。その他、テーブルや飾棚、足置きのストゥールまで、山のような荷物であった。この時の経験が、新宮殿の家具に発展したので、黒澤さんには非常に感謝していられる。

無理な生活が祟ったのか、その直後に、黒田さんは病気になった。胃癌と誤診されたようで、憔悴していられたことを思い出す。お見舞に行った時であったか、ある日、こんな話をして下さった。

――付知から奥へ入った山中に、霊泉があり、樵夫達の行く温泉場になっているが、その近くに、伊勢大神宮の御料林があって、二十年目毎の遷宮の為に、檜の大木を育てており、山には〆縄がはり巡らしてある。静かな夏の夕暮れ、林木屋に案内されて行くと、落日の斜光の中に忽然と目ざめるような檜の林が現われた。

「いきなり現われた時には、圧倒されました。正に、神山という感じでした。下草もきれいに刈ってあり、うっそうというより、清浄そのものです。あまり深い山ではなく、雲つくような檜が、夕日をあびてソン、ソン、と立っている……」

スクスクの意味だろうが、黒田さんが発音すると、妙に重々しいひびきがあり、夕日の中に浮び上がる荘厳な景色を、目のあたり見る心地がした。「ぜひ行ってごらんなさい。これは一見の価値がある。感動しますよ」とすすめられたが、私は未だ果たしてはいない。

その病中に、高尾亮一氏から、新宮殿の扉の把手の注文が来た。高尾氏は、人も知るように、新宮殿の造営部長で、その成果を見てもわかるとおり、非常に綿密で、鑑識眼の高い人物である。皇太子の御殿が出来た時にも、黒田さんは依頼を受け、その時は暇がなくて辞退したが、この度は充分な時間と材料が与えられた。病気で、「もう駄目だ」と思っている所へ、そんな話が降って湧いたので、急に元気を取り戻す。黒田さんのような作家は、仕事をしないと身体の調子も狂うらしい。一年ぐらいかかって、期日までに仕上げ、病気も快方に向うと、気がゆるみ、外国でも旅行したいと考えるようになった。特に四十年来の懸案である「ゴッホの椅子」の製作状態が知りたいと思った。が、例ののんびりした性分から、中々おみこしは上がらなかった。

そこへ、再び登場したのが高尾氏である。漠然と、外国へ休養に行きたいとか、家具が見たいなどと喋っていると、今度は向こうが目を輝かした。ぜひ、そうしてほしい、その上で宮殿の椅子を造ってくれと、膝づめ談判である。黒田さんは、「あたふたした」。

千草・千鳥の間の家具について、その頃高尾氏は、思い悩んでいられたのだ。一応、フランス製のものを使うことに定めたが、建築が出来上がるにつれ、それでは調和しないことがわかって来た。書は、安田靫彦氏の万葉集、絵は、日本画の花鳥である。困りぬいている所へ、外国行きの話が出たというわけで、新宮殿の椅子は、いわば「瓢箪から出た駒」であった。話は忽ちにまとまり、黒田さんは、はじめての外国旅行に出発する。

その旅行については、雑誌「民芸」（一九六七年九月）に詳しい。「スペインの白椅子づくり」という題で、エジプトからイスタンブール、アテネ、ローマを見て歩く。北欧へも行かれたが、何といっても最大の目的は、「ゴッホの椅子」を見ることにあった。

「雑誌『白樺』が印象派の絵を日本へ紹介し、その裡にヴァン・ゴッホの『寝室』その他屋内の絵があった」。当時、上賀茂の協団にはゴッホの信者が多く、「私もこのゴッホの絵の『椅子』を復原したいと思ったが、誰もが知る通り、タッチの強く荒いゴッホの絵の、それも小さな複製の写真から、この椅子に使った材料その他の点まで見通すことは不可能で、仕方なく北山丸太の骨組に、藁縄で座を張り、我慢するより他はなかったのである」（「民芸」）。

その後、浜田庄司氏から、その椅子を贈られ、今でも同じものを造っていることに驚くとともに、黒田さんの興味は再燃した。外国旅行の火つけ役は、いわば浜田さんで、それを高尾氏があおったというわけである。

近東諸国を廻った後、スペインへ到着したのは初夏の頃で、早速椅子のことをしらべにかかった。造っている所は、グラナダから二時間余りの、グアディスという寒村であることは聞いていたが、詳しいことはわからない。グラナダの郊外にも、椅子の工場があると聞き、とりあえずそこを訪ねてみることにする。「花は色とりどりに咲き、空気は清浄、風景は美しく、村の教会らしい建物では、何の儀式か人の集まっている様子」といった牧歌的な風景で、その村の百姓家で、白椅子を造っているのを黒田さんは発見した。

白椅子というのは、スペイン語の直訳で、材はポプラである。畳十五畳ほどのせまい仕事場で、年よりが椅子の枠を組み、若者が歌を歌いながら藁を編んでいた。ガマの穂に似た繊維で、道具も日本のものによく似ている。十五分足らずで組立てが終り、「引き続いてもう一人が座張りをやって見せてくれるのである」が、「この仕事も矢張り熟練の上に成立つ仕事であり、直接生の菅をより合わせながら組んでゆくのであるから、縫目や太さや、張り加減をその時その場で確めながらの仕事で」、組立てから仕上げまで、流れるような作業ぶりに、黒田さんは心の底から感嘆する。

だが、そこで満足したわけではない。この上はどうしてもグアディスまで行って、本家本元を見極めねばならない。翌朝は六時すぎに、トラック兼用のバスで出発し、急な山坂を登ったり下ったりして、二時間半ほどで目的地についた。山奥の静寂な風景は、何となく木曽の山家を思わせたが、石灰質の山をえぐったような具合に、点々と建つ農家は、洞窟か、穴居の跡を見るようで、非常に珍しかったと記している。

村役場で教えて貰った家は、昨日見た仕事場よりはるかに大きく、庭前にポプラの材が積みあげられ、職人たちが数人で働いていた。主人や家族も柔和な人達で、気持よく案内してくれたが、唯一の機械といえるものは、木を挽く為の丸ノコだけで、庭には真赤な花が咲き乱れ、犬が昼寝しているという、のんびりした風景は、いたく黒田さんを喜ばせた。このスペインの「白椅子」と、中支の「曲木椅子」は、現代のあらゆる木工の両横綱だといわれている。先日私は、お宅で実物を見せて頂いたが、思ったよりずっと掛けやすく、やわらかい感じのもので、値段は二百七十円とか、信じられないような安さである。

スペインの旅について、私は長々と記したが、それというのも、黒田さんの探求心の強さを知って頂きたかったからである。スペインの白椅子は、新宮殿のものとは似ても似つかぬゲテ物だが、「椅子の元」ともいうべき姿を備えており、よけいな装飾が一つもないのが美しい。黒田さんが確めたかったのも、そういうことではなかったかと思う。帰朝後は、直ちに飛騨の山奥にたてこもり、宮殿の仕事にとりかかったが、「他の制作も雑用も全部避けた多忙と緊張の二ヵ年」は、充実し切った日々であったに違いない。「制作後記」の中で、黒田さんは、自らの仕事を振返って、「椅子の性格を分析検討してみて、一番特長になるのはその構造であり、独創といえると思うが……」と、自信をもって述べ、あきらかに「創作」を意識したことを語っている。そして、それがふつういうような創作や、思いつきでなかったことは、何よりもよくその作品が示していると思う。黒田さんはいう。

「如何なる芸術作品もそれを生んだ作者という者はその作品が地上にある限り、その責任を宿命的に背負わねばならぬものである。そしてその毀誉褒貶にも悩まねばならないのである。私はこの椅子セットが完成して今日で三ヵ年以上の時間が過ぎたが、少しも解放感を持つことは出来ないのである」

仕事場風景

黒田さんの住居は、仕事場の延長であると私は書いた。居間の襖をあけると、もうそこは仕事場で、道具が沢山並んでいるのが見える。さすがにここはいくらか整頓されているが、といって厳しい雰囲気はなく、隅の方で栗鼠が遊んでいたり、猫が昼寝をしていたりする。

先日伺った時は、丁度葛の材が届いた所で、鉈で皮をはいでいられた。左手で木を支え、右手に軽く鉈を持ち、楽な姿勢でけずって行く。その動作には心地よいリズム感があって、少しも気負った所がない。道具はずい分吟味されるのだろうと聞いてみると、意外な返事が返って来た。

「昔は道具に凝ったものですが、この頃は面倒になって、そこらにあるもので間に合わせている。長男が今うるさいんです。若い人は、道具に凝る時代がありましてね」

弘法筆をえらばず、ということか。兼好法師も徒然草の中で、「名工は少し鈍き刀を使う」といっているが、黒田さんの場合は、鈍刀をえらぶわけではなく、道具の持味にしたがって、鈍刀でも使いこなす。道具に使われる、といった方がいいかも知れない。道具に使われることを嫌うのは、腕が未熟だからで、鈍刀に逆らえば、いよいよ切れなくなるのはわかり切った話である。

この仕事場では、木材の下拵えとか、組合せを主にしているが、黒田さんの木工は一貫作業であるから、いくら道具に構わないといっても、木挽きから大工、指物師から箱屋に至る、あらゆる種類のものが揃っている。昔、民芸協団でげて物を蒐集した時、ついでに道具も買い集めたと聞くが、手当り次第買ったので、中には使い方のわからぬものも混っていた。が、黒田さんには先生がいなかった為、自分で工夫して使っている間に、自然に会得するものがあり、ふり返ってみると、「わたしのほんとうの先生は道具でした」といわれる。道具に従うことを知ったのも、そういう経験が教えたもので、黒田さんにとって、先生がいなかったのは、仕合せなことであったかも知れない。川魚を切る庖丁から、竹細工の小刀、歯医者のドリルに、アメリカの木挽きが使う鋸まで、実に種々雑多な「先生」が並んでいる。その中には、江戸の名人「千代鶴」の作も見出された。この人は「二枚鉋《かんな》」といって、二枚刃のある鉋を発明し、逆目をとめることに成功したが、黒田さんは、昔ながらの一枚鉋の方を好んでいる。別に不便な道具に固執するわけではなく、一枚鉋の方が木の艶がよく出るからである。二枚鉋は、道具が逆目を押えてくれるが、一枚の場合は、自分の力で材を殺さねばならず、その分だけ重みがかかって、木が摩擦されて光沢を増すのであろう。

この間お訪ねした時は、煙草入の蓋の彫刻にかかる所であった。そんな時でも黒田さんは、一向気にせず喋って下さる。生れつき呑気なのか、物事に無頓着なのか、仕事に打ちこむといっても、その打ちこみ方の息が長いのである。彫刻には、むろんはじめに下絵を描くが、物差しでも使うのかと思っていると、そうではなく、いきなり鉛筆でざっと文様を描き、そこらの切出しをとって、一息に輪郭を彫り起こす。手前から先の方へ、そして返す刀でぐいと手元へ彫り下げる。実に見事な手さばきである。あまり丁寧に下絵を描くと、この勢が失われるのだろう。

返す刀、――つまり逆手で彫るということが、西洋人にはどうしても出来ないそうで、みんな感心するという。「よほど彼等は不きっちょなんですね」と黒田さんはいうが、日本人の中でも、特別器用なのがこの先生かも知れない。荒彫りが済むと、仕上げに取りかかるが、別に道具を替えるわけでもない。だんだん仕事がこまかく、丁寧になって行き、刀の下から美しい木理が現われる。その間およそ三、四十分、文字どおり流れる如き作業ぶりで、私は踊を見ているような気分になった。黒田さんの仕事が、何でも長くかかると思うのは間違いで、手を使う場合は早いのである。また早くなければ、このような仕事は生きて来ない。殆んどぶっつけに彫ってしまうのも、丁寧にしすぎると、彫刻の力がそがれるからで、道具を使いわけるように、黒田さんは、仕事も自由に使いわけている。

この仕事場の隣りは、長男の専用で、助手やお弟子も出入りしているが、全体を一つの部屋として、適当に使用しているらしい。二間つづきで、十五、六畳もあろうか、二階も同じ間どりだから、決して広いとはいえない。急な階段を登ると、二階の仕事場へ入るが、ここでは主に漆を扱っている。

漆には埃と外気が禁物なので、いつでも閉め切ってあり、掃除もきれいに行届いている。度々いうように、漆を乾かすには、湿気と温度を必要とするが、その為の室が三つ置いてあって、これを専門語では「ふろ」と呼ぶ。一見、戸棚のような作りだが、内部の構造は特殊なもので、「下地ぶろ」と「上塗りぶろ」、それに小品用の「手ぶろ」の三種がある。湿気を与えるには、物によって多少の差があり、霧ふきで吹いたり、布に水をふくませて仕かけることもあるが、黒田さん自身は、口で吹くのが一番調子がいいそうで、そうして湿らせた「ふろ」に塗ったものを入れ、蓋を閉めておくと、漆が次第に乾いて来る。ふろは湿気によって乾くという漆の天性を、そのまま利用したものと思えばよい。

三つの中では、「上塗りぶろ」がもっとも微妙である。上塗りの漆は濃くなっている為、ちょっとかしいでも溜ったり、皺がよったりする。それを防ぐには、「かまて」（鎌手）といって、棒にひっかけて廻しながら乾かすが、このことを「手返し」ともいう。最初のうちは、「手返し」を五分か十分おきにやり、だんだん乾いて行くにしたがって間をおき、四時間ぐらい経つと、大体の乾き具合がわかる。その時、何かの加減で失敗すると、今度は絶対に乾かなくなる（どろどろの状態で終る）。といって、漆は溶かすものがないから、折角造った作品が廃物になってしまう。何十年の経験があっても、稀にはそういう失敗もあるというのだから、漆は扱えば扱うほど不可解な、気むずかしいものに見えて来るに違いない。

漆にとって、もう一つこわいものは埃である。「会津の沖塗り」といって、会津地方では船に乗って沖に出て、裸になって仕事をするというが、輪島では密閉した蔵の中で塗っている。特に上塗りから、乾燥するまでが厄介で、昔の上塗り師は、素裸で、一升酒が飲めないと駄目だとされていた。閉め切った部屋の中で、夏でも火を絶やさず、湿度と一酸化炭素に耐えるには、人一倍強い体力を必要としたのである。

漆を塗るには、へらと刷毛を使う。たとえば朱を作る場合、黒め漆に朱（硫化水銀）を混ぜると、鮮やかに発色するが、この漆をとく板のことを「じょうばん」（常盤か）という。長年手なれた黒田さんのじょうばんには、パレットのような味があり、黒光りの板の上に、朱を置くと目がさめるように美しい。黒漆以外は、朱でもべんがらでも青漆《せいしつ》でも、すべて「色漆」と呼ばれ、この板の上で合わせるが、黒漆だけは漆屋の手を経るのは、まぜるのが特別むつかしいのであろうか。

漆の職人にとって、「刷毛は命」である。昔は、塗師屋庖丁と刷毛さえ持っていれば、どこへ行っても生活することができた。つい最近の大正のはじめ頃までは、日本全国に塗師屋がいて、ギルドのような組織を作っており、庖丁と刷毛だけ見せれば、親方は黙って迎え、適当な仕事を与えてくれた。黒田さんの家にも、常時「渡り職人」が出入りしていたが、刷毛箱さえあれば「おてんと様と米の飯には事欠かぬ」と、いばっていたという。古代の漂泊民を思わせるような生活だが、この風習には中々いい所もあって、行く先々で親方が面倒を見てくれただけでなく、新しい技術を身につけることも出来た。塗師屋に限らず、徒弟生活というものは、「七十までは丁稚、五十、六十は洟たれ小僧」などといわれ、うだつの上がらぬもののように思われているが、考えようによっては、たとえ洟たれ小僧でも、安んじて暮せるという特典があった。それに比べると、現代は天才教育で、大変苦しいと黒田さんはいわれる。どこにも面倒を見てくれる親方はいず、学校教育は根本的な技術を教えてはくれぬ。結果としては、刷毛一つ作れぬ中途半端な作家が出来上がり、「若い人達はほんとうに気の毒です」と同情する。ちょっと考えると反対なようだが、実際の経験から出たこの言葉は筋が通っている。私達は無責任に技術の低下を批判するが、そういう話を聞くと、若い作家達を責めるわけにも行かず、黒田さんならずとも暗澹とせざるを得ない。

刷毛には大小さまざまあるが、ふつうの刷毛と違う所は、毛が柄の末端まで通っていることで、これには「赤毛」がいいとされている。黒田さんの説によると、「赤毛」は潮にさらされた漁師の髪の毛で、油気のぬけた柔かい毛ほどよく、他に用法に従って「女毛」も、「馬毛」（馬の尻尾）もあるが、「白毛《しらげ》」のように梨子地塗りだけに使う刷毛もある。漆はすぐかたまるので、刷毛の手入れは大変である。仕事のはじめと終りに、必ず「姿をととのえる」が、ちょっと怠ると駄目にしてしまう。使った後は、丁寧に漆を取り去って、種油をしみこませておき、使う前には、よく叩いて油を落し、更にへらでしぼりとる。このへらを「ちしゃべら」といい、ちしゃの木で作ったものが最高とされているが、漆の下塗りにも使う為、塗師屋にとっては、刷毛の次に大切な道具である。

　塗師屋庖丁は、一尺ばかりの片刃の刃《やいば》で、気持のいい姿をしている。主として、刷毛やへらをととのえるのに用いるが、へらは、殆んど毎日のように傷むので、仕事の度にこの庖丁でもって「へら裁ち」ということをする。文字どおり、へらの尖端を裁ち切るのだが、刷毛の方はそうひんぱんには傷まない。勿論それは使い方にもよるが、毛がちびたり切れたりした時は、塗師屋庖丁で柄を切って、適当な長さにととのえる。柄の末端まで毛が通っているのはその為で、長い間使った刷毛は短くなっており、その先へまた新しい柄をつぎ足したりして使っている。使いなれた刷毛はかけがえのないもので、そういうものを見るとほんとうに、「刷毛は命」という言葉が、大げさでないことがわかる。庖丁はその他にも、切先をのみのかわりに用いて、漆を落したり、けずったりすることもあり、刷毛と庖丁とへらは、塗師屋にとって、三種の神器にひとしいものなのである。

　道具に凝らぬ黒田さんも、さすがに刷毛だけは特別上等のものを使っている。桃山時代の道甫という、光悦の蒔絵師だった人の子孫から譲りうけたものとかで、四百年も使いならされた為、三寸くらいの短さになっているが、素人眼にも使いやすそうな、美しい姿をしており、漆がしみこんだ味がなんともいえない。

「この刷毛を使うと、自然に手が動いて、勝手に塗れます」

と、黒田さんは目を細めていわれるが、ほんとうに道具に使われると感じるのは、そういう時ではあるまいか。刷毛は仕事中、しばしば口にくわえるので、歯形がついて減った所を、丹念に麻布でおぎない、漆までかけてあるのは、代々伝えて来た人々の、愛情と年輪を見る想いがする。

　二階の仕事場では、螺鈿を埋めこむ作業も行なわれている。螺鈿については、前にも記したが、こまかく砕いた貝を一つ一つ、爪で埋めて行く仕事は、見ているだけでもうんざりする程手間がかかる。螺鈿は一応漆で埋めた後、「荒砥」でとぎ出すが、これにもいくつか工程があって、「荒砥」の次は「中砥」、それから「仕上げ砥石」と、水ペーパーで磨きあげる。そして最後に木炭で滑らかにした後、角粉を用いて仕上げると、螺鈿は見違えるように光沢を増し、漆も同時にろいろの状態となる。先にもいったように、ろいろ漆はガラス状になる為、螺鈿と併用する時は、互いに反射し合って、美しい効果をあげるのである。

　黒田さんの作品では、乾漆も忘れてはなるまい。乾漆というのは、天平時代から行なわれた手法で、黒田さんの場合は、粘土でシンを造り、古い蚊帳とか麻布の類を漆で張り、砥石でならして行くやり方である。これを大体五回ほど重ねると、力が出て来て、丈夫なものになるが、その間に、コクソや麦漆で補強したり、一回毎に乾かすことはいうまでもない。それは漆を塗料として用いるだけでなく、接着剤としての特徴を充分に活かした技法といえる。最後に水につけると、粘土の原型はとけてしまうので、中は空洞となり、軽い漆器が出来上がる。軽いということと、狂うことがないのが、乾漆の最大の美点といえよう。見た所はふつうの漆器とまったく変りはなく、持ってみてはじめて乾漆と知れるのである。

　螺鈿を併用する場合は、最初に粘土の原型に螺鈿をはりつけ、その上から漆で前述のようにかためた後、型を水で溶かして抜きとると、螺鈿がそのまま漆にはりついて内側に残るという仕組である。

乾漆については、前に黒田さんから面白い話を伺ったことがある。亡くなられた長兄から聞いた話に、中国には透明な漆を使って、すかすと中に文様が出て来る乾漆がある。朝鮮にはよく鼈甲の細工などで、内部の文様がすけて見えるものがあるが、それに似たものと思えばよい。昔、三井高遂氏にその話をしたところ、ぜひ試してみてくれということで、黒田さんも造る気になったが、戦争がはじまって、あきらめてしまった。が、その夢のような乾漆はあきらめられないらしく、時々その話が出る。が、中々実行にうつされないのは、この乾漆は透明度の高い漆を、何百回も重ねて塗るという大変な技術を要するので、よほど時間をかけないと出来ないからである。それとは比較にならないが、私が前に造って頂いた「朱溜」の椀は、家の定紋を金箔で置き、上から溜漆がかけてある。こういうものが、全部透明な乾漆で出来たら、さぞ幽玄な味わいが出ることだろう。

黒田さんの夢はそれだけではない。新宮殿の椅子を、「ほんの試作にすぎない」といわれるように、いつの日か、「日本の家具」の決定版が創作したいという大きな望みを抱いていられる。おそらくそれは一代や二代では出来ないことかも知れない。が、夢を持つのは美しいことで、そういう意味で黒田さんは、永遠の青年である。付き合っていると、いつも私は、「命には終りあり。能には果てあるべからず……」といった世阿弥の言葉を思い出す。芸術は永遠だという意味ではなく、芸はいくら追求しても限りがないという嘆息の言葉である。そうして年とってからは、万事ひかえ目に、少な少なとする「老木の花」の美しさを世阿弥は説いた。「せぬならでは手だてあるまじ」とさえいった。別に水をさすわけではないけれど、黒田さんもこれからは体力を消耗する大物は若い人達に任せて、たとえば今いったような乾漆とか、漆絵とか、竹細工のような、黒田さんならでは出来ぬ味のこまやかな作品を造って頂きたい。そして、長生きして頂きたい。いささか釈迦に説法めくが、今私が先生に切に望むのはそういうことである。

黒田乾吉　木工を支えるもの

乾吉《けんきち》さんは、黒田辰秋氏の長男である。昔から父上の仕事場で、顔はよく見かけていたが、話をしたことは一度もなかった。急に親しくなったのは、福森（雅武・伊賀の陶芸家）さんとつき合うようになってからで、縁というものは、まことに不思議なものであると思う。

無口な福森さんと反対に、乾吉さんはよく喋《しゃべ》る。だが、単なるおしゃべりではない。したいこと、いいたいことが沢山あって、精力的に活動する。家にはいつも友達が大勢集って、何かしらたくらんでいる。いずれも芸術家とか作家と呼ばれるのが嫌いな人たちで、職人のたまり場というのがふさわしいであろうか。弟子は四人いるが、そのうち二人はアメリカ人で、彼らのことを黒田さんは、「舶来さん」と呼んでいる。まったく日本人と同様の扱いで、行儀作法まできびしく仕込んでいるのをみると、外交上のつき合いより、こういう徒弟生活の中から、彼らは日本というものを、正確につかんでくれるのではなかろうか。かたわら乾吉さんは、学校でも木工を教えており、人の面倒をよく見る人間のように思われる。

黒田辰秋氏には、親子ほど年のちがう兄上がいた。名を宗七といい、家は代々塗師《ぬし》屋であったから、彼も漆芸を専門にしたが、民芸運動に参加した辰秋氏とちがって、昔かたぎの名人肌の人物であった。乾吉さんは幼い頃から、この伯父さんにかわいがられた。伯父さんというより、孫のような気持であったらしい。芸人とか職人とかいうものは、自分の子供には多くを望みすぎるのか、なかなか素直に教えられないものである。乾吉さんの場合も、中学二年生の時から、この伯父さんに木工の手ほどきをうけた。はじめは刃物を砥石で砥ぐことだった。次に、道具を造ること。中でも漆を塗る篦《へら》と刷毛《はけ》は、木工にとってなくてはならぬ道具である。今ではそういうものも出来合いで売っているが、ほんとうの職人はみな自分で造る。乾吉さんの仕事場には、大きな鋸《のこぎり》から、四、五センチの玩具《おもちゃ》のような鉋《かんな》に至るまで、手製の道具がずらりと並んでおり、それだけでも優に一冊の本が書けるくらいだが、それらの中で何が一番大切か聞いてみると、「問題なく砥石だ」と彼は答えた。

砥石といえば、大工は火事の時、何をおいても砥石だけは持って逃げるという話を聞いたことがある。なぜ道具より、砥石が大切なのだろうか。その時以来、私は興味を持ち、浅草辺の砥石屋にも行ってみた。ある時、一人の老人が、飄然《ひょうぜん》とその店へやって来て、ショウウィンドウに飾ってあった砥石の値段を聞いた。それは京都の愛宕山《あたごやま》でとれる最高級の仕上げ砥で、当時で二百万円もしたが、老人は当り前のような顔つきで買って行った。後にその老人は、平櫛田中《ひらぐしでんちゅう》氏であることがわかったという。

砥石には、我々が台所で使う安物から、そんなに高価なものまであることを知ったが、実際にも愛宕山へ登ってみると、特に月輪寺《げつりんじ》の登山道などは、砥石の破片ばかりで、歩きにくいことおびただしい。が、どこでどのように採掘しているのか、また、なぜ職人が道具より砥石を大切にするのか、長い間私には理解することができなかった。

乾吉さんはひと言で、その疑問を解いて下さった。

「道具は人間が造ることができるけれども、砥石は天然のものだから、造るわけには行かないからだ」

聞いてみれば当り前のことであるが、その当り前なことが素人には中々わからない。百聞は一見に如《し》かず。春になったら、愛宕の砥石山へ案内してあげようと、約束したのは去年の冬のことであった。

その晩か、翌日であったか、彼は一人の青年を私の宿へ連れて来た。ジーパンの上に法被《はっぴ》を羽織った生きのいい若い衆で、森繁弘さんといい、代々京都の砥石を扱っているという。私のために、わざわざ荒砥と中砥と仕上げ砥を持って来て下さったが、はじめて手にとってみるそれらの砥石は、宝石のように美しかった。青味をおびた微妙な色の中砥は、その色のために「青砥」とも呼ばれるが、京都のそれは青砥の中の王であろう。また、暖かい乳白色の仕上げ砥は、愛宕の周辺でも、鳴滝《なるたき》だけで採れると聞くが、そのこまやかな触感は、端渓《たんけい》の硯《すずり》にまさるとも劣らない。砥石とは、こんなに素晴しいものなのか、職人が大切にするのは当然のことなのだと、私は眼の開ける思いがした。

彼らの話によると、砥石の山は「王城五里を離れず」といって、都の近くにあるのが古代からのならわしであった。というより、砥石を産出する所に、都を定めたのであろう。京都の水がいいのは、その美しい石の層を流れて来るからで、愛宕山では、千年も前から採掘していた。鳴滝の菖蒲谷《しょうぶだに》では、仕上げ砥（合せ砥ともいう）を、亀岡《かめおか》では青砥（中砥）を掘って、未だに尽きることがない。他の地方でも、砥石が出るところは少なくないが、いずれも愛宕のものには遠く及ばない。簡単にいうと、石英《せきえい》のこまかい粒子に、雲母《うんも》が交ってかたまったのが砥石であり、その組合せがぴたりと調和しないと、良質の砥石にはならない。それが一人前に育つまでに、何万年、何億年かかるのか、私は知らないけれども、年代の若い山では駄目だという。まことに造化の不思議ほど微妙なものはなく、愛宕山が神山として崇《あが》められたのも、故なきことではないと思う。

そういう話をする時の、森さんの表情も忘れられない。先にもいったように、彼はがっしりした体格の若者だが、砥石を扱う時の動作は繊細で、ぽちゃぽちゃした両手で、こわれ物にさわるように砥ぐ恰好をしてみせる。それはいかにも愛情にあふれた仕草であり、なめらかな仕上げ砥の感触が、こちらの指先まで伝わるような心地がした。

その後も乾吉さんの仕事場で、私は度々砥石で砥ぐところを見せて貰った。一つ一つの刃物にも、砥石にも、格というものがあって、その両方がしっくり合わないと、うまく行かない。良質の仕上げ砥になればなる程、刃物をえらび、悪い刃物を砥ぐと、血の匂いがするが、よい刃物を合せると、忽ち吸いついて、香のような芳香を放つ。だから仕上げ砥のことを、「合せ砥」と呼ぶのかも知れないが、いい砥石は、たとえ刃物が少々落ちようと、向うの方から合せてくれると乾吉さんはいう。とても畏れ多くて、私には試してみる勇気はなかったが、それはいい硯で墨を磨る時の、あの何ともいえぬ快感と同じものであることは、見ているだけでよくわかった。

刃物が先にあって、砥石を探すのがふつうのやり方であるが、乾吉さんは逆に砥石屋に刃物のことを聞く。上質の刃物を造る職人は、必ず砥石についてもうるさいからである。ことに木工の場合は、漆の下地にも砥粉《とのこ》を用いるので、砥石とは切っても切れぬつながりがある。木工の技術を学ぶのに、先ず包丁を砥ぐことからはじめた彼は、何事であれ、元のところへ還らなければ承知しない。前に私は、人間は自分の造るものに似て来ると書いたが、木工の仕事は、乾吉さんの考えかた、生きかたに至るまで決定したようである。

「木工なんて偉そうなことをいうけれども、自然の木と、刃物と、漆と、砥石がなくては、この仕事は成立たない。それがどんなに大事なものか、世間の人々に知って貰いたい」

と彼はいう。したがって私も、いわば木工の裏方について書いているわけだが、本職の方の腕は確かだから、安心しているためもある。彼は今、丸柱《まるばしら》の福森さんの近くに、漆を栽培する計画も立てており、日本に材木がなくなったら、サモアあたりの島へ進出する壮大な夢も描いている。だが、彼の夢は、常に現実と「合せ砥」のように密着していて、木工の本道から遊離することはない。仕事は目下、「拭漆《ふきうるし》」（生漆を何度も拭きこんで、木目を現す手法）に集中しているが、父上の仕事から一歩も出ないと批難する人たちもいる。が、地味な木工の仕事では、そう目先の変ったものが造れる筈はなく、人目を驚かすことばかり多い世の中に、心の安らぎを与えてくれる地道な作品は、私には却って有がたいものに思われる。せっかちなくせに、焦ることがないのも、時間のかかる木工が教えた智恵というものだろう。

やがて春が来て、黒田さんと森さんは、約束どおり私を愛宕山へ連れて行ってくれた。なるべく汚いきものと、レインコートを着て来るように注文された。ヘルメットも用意してあった。森さんの車で、通いなれた西山ドライヴウェイを、菖蒲ヶ池へ行く。砥石の採掘場は、そこから草の茂みの中をわけ入った谷間にある。いつも通っている道だのに、こんな所に日本一の砥石が、ひそかにかくれていようとは知る由もなかった。

既に砥石を掘る山方の人が、二、三人で待っていて、私たちを坑内へ案内して下さる。かなりな難所と聞いていたが、これほどせまいとは思わなかった。手に手にカンテラを持ち、這いずるようにして坑内へ入る。上からは山水がしたたり落ち、下はふくらはぎまで水につかっている。ときどき頭の上の岩盤に、ヘルメットが当る音がこだまして、首をすくめるとたん尻餅をつく。途中で案内人が、これは大工の砥石、これは床屋の砥石と、指さしてくれるが、見ているひまなんかありはしない。たとえ見たところで、私などにその違いがわかる筈もなかった。

しばらく経って、腰をのばせる所へ辿りついた。そこはかつての採掘場で、一つの層を採り終ると、次の層へ移って行く。愛宕山をめぐって、砥石の層は無限にあり、近江から敦賀の方までつづいていると聞く。それも蜿蜒《えんえん》とつづいているわけではなく、間には切れ目があって、新しい層を発見するのがむつかしい仕事になっている。いくら機械が発達しても、これだけはカンに頼るほかはなく、機械を使うのは、ブルドーザーで土砂をとりのぞくことと、最後の仕上げの時に、電気のモーターで形をととのえるだけである。

ひと休みした後、私たちは更に奥へ入って行った。ところどころに、高い段があったり、水たまりに足をつっこんだりする。ややあって、現在掘っている場所へ来た。山方が大きな鎚《かなづち》で、砥石を切ってみせてくれる。砥石のまわりには、柔かい岩石がついており、それを落すと、下から美しい石が現れる。その柔かい部分を「ずり」と呼び、それを砕く道具を「ずれ鍬《くわ》」という。砥石の名称も、人によってまちまちで、愛宕山で採れるものを、時に「鳴滝」といったり、「菖蒲谷」といったり、「本山《ほんやま》」と呼んだりする。本山というのは、本間さんという方が発見したからで、「本間の山」が「本山」につまったのであろう。ほかに「中山」という砥石場もあるが、それらの総称を、「鳴滝」と呼んでいるらしい。「鳴滝砥」の名称は、平安・鎌倉の頃から知られており、刀剣を砥ぐために、欠くことのできぬ必需品であった。

そこから私たちは、ドライヴウェイを横切って、別の砥石山へ向った。山の人々は、ジグザグの道など作らない。一直線によじ登って行く。高さは三百メートル足らずだが、急な勾配と、砥石のかけらで埋まった道は歩きにくく、ふうふういいながら頂上へ辿りつく。頂上からは、愛宕山が真正面に望めた。そこで働いている人々に聞くと、いずれも愛宕神社の氏子で、「月参り」を欠かしたことがないと話してくれた。

この砥石山には、古い坑道がいくつも残っていた。新しい層を探すために、ブルドーザーで盛んに掘っているが、未だに発見されないという。仕上げ砥の値段が高いのは当然のことで、それには長い時間と、多くの労力が費やされているのだ。ここで私は面白いことを聞いた。砥石の目は、必ず南を向いているということで、一々確かめてみて、私はそのことを知った。そういう特徴を頼りに、半ば手さぐりで探すのであろうが、悠久の自然を相手に模索する仕事は、孤独で、苦渋にみちた作業に違いない。みな大抵のことでは動じないしたたかな面魂をしているが、苦しいだけに発見した時の喜びが想いやられる。

昼もすぎたので、私たちは愛宕山を降りて、森さんのふる里の亀岡へ行った。前にもいったように、ここは青砥の産地で、愛宕山系の西のはずれにある。昔から、「丹波の青砥」として知られており、亀岡から西北の山中へ入った宮前《みやざき》という村の中にある。ここで興味があったのは、昔ながらの共同体の生活が、整然と守られていることだった。砥石山も村の共有財産で、森さん一家が採掘権をもっている。田圃も畑も、個人が所有しているのは極く僅かと聞いた。砥石山は、徳川時代に、亀岡藩の直轄地だったのを、そのまま村が受けついだというが、今となってはそれが非常に賢明なことであったに違いない。

宮前には、森さんの父親が住んでいられた。雑木林にかこまれた静かな住居で、砥石坑は裏山にある。家のそばには、青砥を切ったあとの屑石《くずいし》が山と積まれ、これは中々みごとで、珍しい眺めであった。この屑石は、こまかく砕いて、黒板の下塗りに使うそうで、青砥は屑になっても、捨てる部分はない。そこが鳴滝の仕上げ砥とは違う。格からいえば、後者の方が上であるが、仕上げ砥は刃物をえらぶし、屑石も使えない。砥石も人間と同じように、さまざまな性格があることを知って、私はつきせぬ興味をおぼえた。

私たちは、森さんの家で、おいしい鯖寿司と、鶏鍋を御馳走になった。京都の五条から、亀岡、園部、綾部を経て行く丹波街道は、古くから「鯖の道」と呼ばれ、日本海の鯖は、京都へ運ばれる間に、なれて、いい味になった。何百年もの間、そうして手がけた家庭料理には、寿司屋で買ったのでは味わえぬ風味がある。私たちは、また松茸の頃におとずれる約束をして、春霞に煙る砥石の里にいとまを告げた。

志村ふくみ

花の命を染める

嵯峨釈迦堂の門前から、北へさかのぼる道を愛宕《あたご》街道という。目の前にはなだらかな小倉山が見渡され、二尊院、落柿舎《らくししゃ》、厭離庵《えんりあん》などが点在する静かな一角である。そこに私の知っている帯屋さんが住んでいた。あまり大きくはないが、がっしりした構えの家で、手織りの機《はた》を四、五台おいて、いい織物を作っていた。が、職人にありがちのちゃらんぽらんな人間であったため、立派な腕を持ちながら成功はしなかった。あげくのはてに、家を捨てて行方知れずになったので、私はいつも彼のことが気にかかっていた。

それと相前後して、志村ふくみさんが、近江八幡から京都へ移られたと聞き、たずねてみると、当の職人の家であった。大きさも手頃だし、機ごとゆずって貰えたので、幸いであったと彼女は語った。無縁な人の手に渡るより、志村さんが住んで下されば、家も織機も生きる。前の持主のためにも、新しい住人のためにも、これ以上仕合せなことはないと私はうれしかった。
志村さんについては、こと新しく紹介するにも及ぶまい。彼女は名実ともに伝統工芸界の花形で、その美しい織物は多くの人々に愛されている。嵯峨に移ってから、はや十年になるというから、私とのつき合いも三十年以上になるだろう。が、志村さんの生い立ちについて、私はほとんど何も知ってはいない。ただ母上が、民芸の作家たちと親しく、御自身も織物をされていたことくらいである。ふくみさんは、その母上から、織物の手ほどきをうけた。家庭の事情で果せなかった自分の夢を、わが子に托そうとされたのかも知れない。近江八幡の武佐《むさ》にいた頃のふくみさんの作品には、何となく母親によりかかっているといった風な、素人芸の頼りなさが感じられた。そこがまたうぶ
で、人の心をとらえたのであるが、早くから有名になったのは、その人柄のよさにもある。矢代幸雄、今泉篤男といったような美術評論家が、口をきわめて褒めたたえた。そう申しては失礼だが、そういう方たちは、美術には詳しくても、染織のことは御存知ない。単に見た目に美しいだけで、質に対して無関心であるのは、志村さんの将来のためによろしくないと、私はひそかに案じていた。多くの工芸作家が、まだ仕事がかたまらない中に、名前だけが世に出て、つぶされた例は少なくない。が、彼女は私が思っていたよりはるかに芯の強い人間で、世間の名声に動かされることはなかっ

た。母上の膝元をはなれて、嵯峨へ引越したことに、どういう理由があったのか、或いは理由なんてまったくなかったのかも知れないが、独立することについては、いささか不安を感じていられたようである。「これからは何でも一人でやって行かなくては……」と、心細げに話したことを思い出す。

はじめて嵯峨の家をおとずれた時、志村さんは散歩から帰ったところで、両手にるり色の実のついた枝を大事そうにかかえていた。「これはクサギといって、……ちょっと待って下さい、今お見せします」。そういいながら奥へ入ると、きものを一枚出して来て下さった。それはすき通るように美しい水色のきものであった。藍より少し黄味がかって、透明なガラスを思わせるほど淡い。

「こんな色はクサギでしか出せません。嵯峨にはまだ草木染めに使える植物がそこらにあって、ちょっと散歩に出ても、こんなに採れるんですよ」

志村さんは生き生きした表情でそういった。

その後も、私がたずねる度に新しい発見があった。ある時、山を歩いていると、焚火《たきび》をしている老人がいて、みれば椿の枝を燃している。『万葉集』にも、「紫は灰さすものぞ……」と謳われたように、椿の灰は染めものにとって、最高の媒染《ばいせん》（染料を定着させる材料）である。

ふくみさんは、その場で老人と契約をし、毎年椿の灰を手に入れることに成功した。またある時は、街路樹の枝を剪定《せんてい》して、トラックで何台も運んでいるところへ行き合せた。早速、市役所に交渉すると、焼却炉で焼き捨てるという。その灰も貰えることになったが、草木染めの場合、原料と同じくらい重要なのが媒染で、灰のよしあしで発色が左右される。街路樹は、主に銀杏《いちょう》その他の雑木であるが、これは藍瓶《あいがめ》に入れるための灰であって、どんな場合にも、新鮮なことと、交りけのないことが条件である。嵯峨に住んでいられるから、そういうものも手に入るのであって、そこに移ってからの作品が一段と輝きを増したのも、彼女の生活が充実したことを語っている。今では日々の暮しと仕事が、一分のすきもなく調和しているように見え、古い歴史を持つ嵯峨の里は、志村さんによってその伝統がよみがえったような感じさえする。

だが、ふくみさんが草木染めに集中するようになったのは、そう古いことではない。最初は化学染料でも、同じように染まるのではないかと思っていたが、併用しているうちに両者の違いがはっきりと見えて来た。化学染料を用いた作品には、何か異質な感じがあり、植物染料の方は自然と同じ次元にある。人間の血に通うものがある。そのことに開眼して以来、彼女は草木染めのとりことなった。現代でも、「草木染め」と称するものは少なくない。が、どこか感じが暗かったり、泥臭さからぬけきれぬものが多いが、だんだん工夫して行くうちに、明るく透明な色彩が出せるようになり、これが千年前の日本の色ではないかと信ずるに至った。同じ木や草にも、切る時季があることも知った。そういうことを昔の人は、経験から熟知しており、あまり当り前のことだから、何も書き残してはいない。同じようなことは他にも沢山あって、染織に拘わらず、現代の工芸作家が苦心するのは、そこの所なのである。たとえば桜は花の咲く前、二月頃に切るのが一番いい。花へ行く紅《くれない》の色素が、幹の中にたくわえられるからで、木工の黒田辰秋氏にも、そういう話を聞いた覚えがある。またたとえば刈安《かりやす》は、鮮やかな黄の染料であるが、穂の出る直前、お盆の頃に刈る。桜や梅と同じように、穂に出る色が茎の中に用意されるからで、その時季を逸すると、ぼやけた色に染まってしまう。

「いわば花の命を私は頂いているわけですね。ほんとうは花が咲くことが自然なのに、私が横どりするのだから、申しわけないのですけれど、織物の上に花が咲いてほしい、咲かせねばならないという責任感が湧いて来て、……それでますます深入りしてしまうんですよ」

「花の命は短くて」というけれども、志村さんの手によって、永遠に活かすことができるならば、植物にとってこれほど幸福なことはあるまい。そこに志村ふくみの織物の秘密がある。同じ植物染料を使っても、同じ色が出せない作家はたくさんおり、それは本人のひたむきな努力によるとしても、天性の資質も多分にあるに違いない。志村さんの言葉を真似ていえば、彼女の体内には、自然の花と同じ血が流れており、同じ次元で脈打っているのであろう。その証拠には、健康な時には、糸もいい色に染まるし、藍もよく発酵するという。

志村さんの作品を見た人は知っているように、その色彩はこまやかで、しかも変化にとんでいる。が、それほど多くの植物染料を用いるわけではなく、せいぜい十種くらいで、染めの濃淡と糸の使い方によって、無限の変化を造りだす。近所で採集するものには、先程記したクサギのほかに、梅、桜、クチナシなど、嵐山の河原では、アカメガシワもとれる。アカメガシワというのは、『万葉集』に、「久木生《お》ふる清き河原に……」と詠まれたあのヒサギのことで、紫がかったねずみ色に染まる。彼女の織物が美しいのは、単に技術が巧いというのではなく、日本の古典と深く結びついており、無意識のうちにそこから影響をうけているからである。

そのほか、お家の庭にも、紅花や藍を栽培していられる。ただし、この藍は、藍瓶に建てるためではなく、七、八月頃に葉を切って、こまかくきざみ、袋に入れて汁をとる。はじめは濃い緑色をしているが、水で洗うと目がさめるような空色になり、天気がよくて、風のある日に、短時間で染めあげる。これは延喜式にある古い手法とかで、そういう話になると、彼女の眼は生き生きと輝き、「生命力の尖端で染まるのです」と、独特の表現で話して下さる。

そういった風に、何でも積極的に試してみるところが、彼女の長所であり、その潑剌とした精神が、作品の上にも現れずにはいない。ことに最近は藍の色がみごとで、あらゆる植物染料を試みた後、最後にゆきつくところは藍であると、彼女は断言する。ふつう藍染めは紺屋に頼むのだが、彼女はそれでは満足せず、自分で藍を建てる決心をしたのは、今から八年ほど前のことである。はじめは知人の紺屋さんに頼んで来て貰った。今、藍についてくわしく説明をしているひまはないが、藍に関するかぎり、昔から専門の紺屋がいるのをみても、いかに扱うのがむつかしいか想像がつくというものだ。藍は他の植物染料とはちがって、特定の温度で発酵する菌の一種だからで、瓶の中でたえず生かしておかなければならない。染める時も、糸を棒にかけて、五回も十回も瓶につける。それは非常な労力を要するので、とても女にできる仕事ではない。最初に頼んだ紺屋さんも、大方たかをくっていたのであろう。そうでなくても、代々藍を建てている職人は、自然に仕事が身についているから、他人に教えることなどできなかったに違いない。彼に建てて貰うと勢よく発酵したが、帰ると忽ちぺしゃんとなったと彼女は笑う。

その後、何度やっても失敗したが、それにもめげず、私に相談を持ちかけた。私は藍については素人だが、適当な先生を知っていた。今は故人になられたが、片野元彦氏という工芸作家で、この方もまったくの素人から、非常な苦労をして、藍染めに成功した人物である。お願いすると、直ちに嵯峨へ行って下さった。開口一番、「こんなきれい事では駄目だ」と叱られたという。志村さんは、家の中で、電気や煉炭を使って、藍瓶を暖めていたのである。片野先生はきびしかったが、自力で研究し、会得した方なので、指導の仕方は適切であった。現在、志村さんは、藍のために別の小屋を作り、昔ながらのもみがらとおがくずを焚いて、四つの瓶を建てている。藍にかぎって、「建てる」という言葉を使うのも、建築に匹敵するほどの大仕事だからであろう。

藍はそれ自体で、日本人の肌に合った美しい色であるが、それとは別に大切なのは、緑の色の素となるからである。私たちは、こんなに青々とした草木にかこまれているのに、緑に染まる植物染料はない。藍に刈安、ウコン、クチナシ、キハダなどを交ぜる（正確にいえば、それらで先に染めて、藍瓶につける）と、さまざまの種類の緑になる。志村さんにいわせると、「それはもう何百種もの違う色になるので、藍ほどかぎりなく深く、面白いものはない」。最後にゆきつくところといったのはそういう意味だろう。ここで混乱しないように断っておくと、延喜式にある古い染め方は「生葉《なまは》染め」といい、藍瓶で発酵させるのを「ふすまだて」という。後者は乾燥して、薬《ふすま》の状態で保存できるからで、室町時代に発明された手法である。

それほど草木染めに精魂をかたむけている志村さんにも、私としてはまったく不満がないわけではない。それは織物の質、別の言葉でいえば糸の問題である。天は二物を与えずで、神様は彼女に稀に見る色彩感覚を与えたが、糸の質に関しては、染色ほど敏感とはいえない。彼女もそれに気がついているが、ともすれば色の方にかたむきがちで、糸はおろそかになる。近頃は熱心にいい糸を探して、使われるようになったから、解決するのは時間の問題であろう。素人の私が、なぜこんな生意気なことをいうかと云えば、いい糸を用いれば、彼女の色彩はいっそう美しくなるし、保存もよくなるからである。このことは、実際に着てみてはじめていえるのであって、男の方たちは、衣桁《いこう》にかけて見ているだけでもいいではないかというう。たしかに美しいきものは、絵画に匹敵する芸術品であるから、眺めているだけでも楽しむことはできる。が、きものである以上、先ず用に立つことが先決問題であり、着心地がよくて、きものは完全に美しいといえるのだと思う。勿論、志村さんの作品が、実用にならぬというわけではない。ただ抜群にみごとな色彩に対して、織物としての触感がいく分劣る、それを惜しんで私は注文をつけているにすぎない。

先にもいったように、藍は無限の色彩を生む不思議な生きものである。ふつうは同じ藍瓶で何べんも染められるが、結城《ゆうき》では、新しく建てた藍を、ただ一回で使いはたす染めかたがあり、これを「地獄」と呼ぶと聞いている。反対に、長い間使って、生命が終る寸前に染めたものを、「瓶のぞき」という。ほんの少し瓶をのぞいた程度に、そこはかとない浅黄に染まるからだが、実際にはもう力がつきているため、二十回も瓶につけないと色が出ない。「地獄」も、「瓶のぞき」も、胸が痛くなるような染め方であるが、それだけに比べるものがないほど美しい。本物の「瓶のぞき」を、私はただ一度だけ出雲の旧家で見たことがあり、その澄みきった浅黄の色は、色というより匂いと呼んだ方がふさわしいような心地がした。古今の序に、「しぼめる花の色なくて匂ひ残れる」という、あのえもいわれぬ感触である。

色彩を命とする志村さんに、色なき色を望むのは酷なことかも知れない。が、「瓶のぞき」が再現できる人は、自ら藍を育て、藍を最後に到達する色として、心血をそそいでいる志村さん以外にいないのではないか。彼女はまだ若い。持って生れた色彩をすべて克服し、超越した時、「瓶のぞき」ばかりか、日本の織物がかつて経験したことのない芸術作品が生れないとは限らない。私はそのことを信じているが、それにつけても、染料以前の糸が大切であることを、志村さんのためにも、後援者のためにも、くり返し述べておきたい。

吉岡常雄　お水取の椿

東大寺二月堂のお水取では、本尊の前に椿の造り花を供える。これは別火坊《べっかぼう》に籠った坊さん達が、精進潔斎をして造るが、タラの木の萼《がく》に、紅白の花びらをあしらった造型は、実に単純明快で美しい。毎年、お水取の頃になると、良弁堂《ろうべんどう》のかたわらに、この椿と同じ花が咲く。一般には、「東大寺椿」とか、「良弁椿」などと呼ばれているが、品種は「糊《のり》こぼし」で、真紅の花弁に白い斑点が、糊で伏せたように現れるのが見事である。そんな椿が天平時代にあったかどうか知る由もないが、春に先駆けて咲く花として、いつの頃かお水取には欠かせぬものとなったのであろう。

物資がとぼしかった頃は、この造り花にも、悪い紙とインキが用いられていた。インキで手が真赤になって困ったと、坊さんがこぼしていられたのを憶い出す。が、七、八年前から、京都黒谷《くろだに》の手すきの紙を、本紅で染めるようになって、椿は昔の輝きを取り戻した。それは伏見に住んでいられる吉岡常雄氏に負うところが多い。吉岡さんは染色の研究家で、大阪の芸大で教えていられるが、最初は薬師寺の花会式に供える造り花が、化学染料を使っていたので、お寺へ勧めて植物染料に変えた。薬師寺の場合、東大寺以上にそうしなければならない理由があった。というのは、植物染料は漢方の薬でもあるからで、薬師寺にはかつて広大な薬草園が存在した。その薬草で染めた花を、本尊に捧げ、花会式が済むと、土地の人々が頂いて、病気の時に用いたという。たとえば菊は何の病に、桃は何に効くといったような区別があり、それらはすべて薬師如来の信仰と結びついていたのである。

お水取の椿にも、同じような意図があったに違いない。中でも紅は貴重な特効薬で、今でも修二会《しゅにえ》が終ると、参列した人々が頂いて帰る風習がある。そこで吉岡さんは、東大寺のためにも一肌ぬぐことになったというわけだが、忘れられていたしきたりが、志ある人々によって復活して行くのは、まことに有がたいことであると思う。

私は和紙が好きなので、紙をすいている村へは何度か行ったことがある。が、いずれも断片的な仕事だけで、一貫した作業をまだ見たことはない。折よく吉岡さんが、薬師寺の散華《さんげ》の花を染めるために、黒谷へ行かれると聞き、案内して頂いたのは、つい先週のことである。

はじめ私は、法然上人が籠っていた京都の黒谷かと思っていた。が、紙すきの黒谷村は、それよりはるかに遠く、丹波の山奥にあると知ったのは、車に乗った後のことである。京都から老《おい》の坂を越えて、亀岡、園部をすぎて行くと、綾部で道は二つに分れる。西へ行けば山陰本線の福知山に至るが、北へ向うと舞鶴《まいづる》で日本海へ出る。私たちの目ざす黒谷村は、舞鶴の手前の渓谷の中にあり、京都から一時間半ほどかかって辿りついた。

伊佐津川と黒谷川が合流する地点に、四十軒たらずの民家が、肩をよせ合うようにして建っている。両側には山がせまっていて、深い雪に埋もれた村のたたずまいは、平安時代に阿倍比羅夫の残党がかくれ住んだとか、平家の落人部落とかいわれているのも、実際に来てみると信じたい気持になる。男も女も紙すきにたずさわっているので、外部のものとはたやすく結婚することもできず、全村が親類付合いをしているという。それだけに村の人々の結束は堅く、主な作業は共同で行っており、ささやかながら和紙の研究所や販売所もある。日当りのいい高みに、真白い紙が干してあったり、干瓢《かんぴょう》に似た楮《こうぞ》の皮が、山颪《やまおろし》にはためいている風景も、紙すきの里ならではは味わえぬ趣きがある。

和紙には主として楮とみつまたと雁皮《がんぴ》を使うが、黒谷は楮の産地で、十一月の終り頃から切りはじめる。これを「カゴキリ」といい、根元から四尺くらいに揃えて刈る。それを大きな桶にぎっしりつめて蒸すのであるが、そうすると表皮が柔くなって、はがれやすくなる。次は「カゴフミ」といって、黒谷川の流れの中で、長い時間をかけて踏む。昔は女が裸足でやったものだが、今はゴム長をはいて踏んでおり、そういう景色が川のあちらこちらで見うけられた。カゴというのは、楮の繊維のことをいうようで、くり返し踏むことによって、外側の黒い皮の六割がたは流れてしまう。

その次は「カゴヘギ」で、皮についた不純物を特殊な包丁で取り去る。ここではじめて干瓢のような白皮となり、それをもう一度川につけて、さらしてから煮る。カセイソーダでは繊維を痛めるので、ソーダ灰を使っているが、上等な紙の場合は、木灰を用いている。煮上った白皮は、再び川水で洗いながら、「カゴミダシ」をする。このことを、「チリトリ」ともいい、大きな籠に入れて、洗いながらこまかいごみを丹念に取って行く。

その籠が実にたっぷりしていて美しい。又しても私はほしくなったので、どこで作っているのか聞いてみると、舞鶴の方にお婆さんが一人いたが、年をとったので、もう作れなくなったという。やがてプラスティックに変ってしまうのかと思うと、淋しくてならない。私が淋しいだけではなく、紙を扱う人々の心にも、影響を及ぼさずにはおくまい。そういうことを考えるにつけても、どれ程多くの日本の工芸が、道具によって支えられているか、道具を作る下積みの職人衆を、私たちはもっと大切にしなければならないと思う。

一粒のチリも残さず、きれいに仕上った楮の皮は、「ドツキ」の中で充分にほぐされて、団子状になる。ドツキとは、関西弁でいう「どつく」のことで、臼で餅をつくように何度も叩いて練りあげる。ここでは電気のビーターでやっていたが、後に行った奥黒谷では、未だに水車を使っており、これにとろろあおいを交ぜて、更にねばり強くした後で、さて紙すきにかかるのである。

大きな釜やビーターを使用する時は、共同の作業場で仕事をしているが、紙をすくのはそれぞれの家で行っている。楮の質も、楮をさらすのも、寒中が一番適しているので、今がもっとも忙しい時期である。どこの家からも、調子のいい紙すきの音がひびいて来る。冷い水を使うため、機織りよりも冴えて聞え、特に一枚すいた後の「捨て水」の音は心地よい。別に数えているわけではないだろうが、一定のリズムに乗ってすいた後、最後にざあっと水を落す。すき終えた紙は、次から次へ丁寧に重ねて行き、樫で作った重しの下で、平らにのばされる。紙をすくスのことを、スダレともいうが、長い節のある細い竹を使った繊細この上もない道具である。これも土佐にいるお婆さんが、一人で作っていると聞いたが、こればかりは将来プラスティックで代用することはできないであろう。完成された伝統工芸に力をそそぐのも結構だが、それ以前になすべきことが沢山ある事実を、私達は忘れてはなるまい。

話を前に戻して、ドツキによって、楮の繊維が団子状になることは既に述べた。紙を染める場合は、植物染料をといた大きな桶にそれを入れ、充分かき廻して、染まった後で紙にすく。白い紙を一枚一枚染めるより、その方が大量にできるし、よく浸透するからである。私は紙にも「先染め」があることをはじめて知った。ただし、紙の場合は「すき染め」といい、吉岡さんはそのために黒谷へ来られたので、緑と紫を染めて見せて下さった。いずれも薬師寺の花会式に使う蓮の花びらである。

専門的になるので、簡単に述べておくと、植物からとった染料を水にといて、竹の棒でゆっくりかきまぜながら、媒染を入れると、次第に色が変って来る。藍にきはだを加えると、美しい緑に変じるが、紫は汚いねずみ色をしているのに、椿の灰をまぜると、一、二時間で鮮かな紫に発色する。それは手品を見るように面白かったが、当人にとっては面白いどころではない、かき廻すというより、切るような感じで、染料を浸透させて行くのは、大そう手間のかかる重労働である。

紫が発色するのを待つ間に、私達はそこから二キロほど山へ入った奥黒谷を訪ねた。細い谷川にそって、家が並んでおり、どの家からも紙すきの音が流れて来る。一番奥の水源のところには、水車小屋が建っていて、お婆さんが一人でカゴへギをしていた。かたわらのかまどの中では、皮をはいだあとの楮の芯を燃やしていたが、カゴを煮るのには、これがもっとも適していると彼女はいう。我と我身を焼く楮の宿命は、『徒然草』の書写の上人の、豆がらで豆を煮る話に似て、身につまされて悲しく聞えるが、それはそのまま紙すきの里びとの暮しを現しているのかも知れない。

吉岡さんは、西の洞院《とういん》の染屋の家に生れた。梅原龍三郎氏の家と同じ町内で、親しく往き来していたという。子供の時から染料で絵を描くことに興味を持っていたが、殊に絵具がかわく前の「ぬれ色」に魅力を覚えたというのも、梅原さんの油絵と何か共通するものがあるように思われる。吉岡さんが目ざしているのは、「美しい色を染めること」で、必ずしも植物染料にこだわっているわけではない、むしろ「完全染料」を求めて、世界各国を旅行していられる。その知識は豊富で、終日聞いていて飽きないが、氏の長所は、科学者の学問と、職人の技芸が、過不足なく同居しているところにあるといえよう。染色に対する情熱は凄まじい程で、その研究はエジプトのコプトから、ギリシャの紫貝にまで及んでいる。

翌日は伏見の工房で、お水取の椿を染める仕事を見せて頂いた。「すき染め」とはちがって、紅は「つけ染め」にした後、「ひき染め」をする。昔から紅一匁に金一匁といわれた程、紅は貴重な染料で、一滴も無駄にすることはできないからである。

山形県では、今でも紅花を栽培しており、「紅餅」というかたまりを作っているが、中国の方が質がいいので、吉岡さんは摘んだままの状態で、四川省から輸入していられる。これを「散花《ちりはな》」と呼び、水にしばらく漬けておくと、黄水《きみず》が出る。関東では黄気《きけ》といっているもので、ここで黄の色素を充分にとっておかないと、うまく染まらない。紙すきと同じく、水がいいことが第一条件で、まじりけがあると失敗する。そういう点でも、京都の周辺は染めものに適しているのであろう。

紅染めの秘密は、媒染の酢のさしかげんにあり、このことをせめるといっているが、最初は木灰につけると、色素は褐色に変って溶解する。おやおやと思って見ていると、梅酢を加えたとたん、鮮かに発色して沈澱して行く。霞のようにもやもやと後に残ったものが純粋の紅で、紅花の原料の千分の一しかとれないという。吉岡さんは、そのもやもやしたものを、「紅の霊気」と呼んでいられた。

そうして沈澱した紅を、一晩おいて羽二重《はぶたえ》で漉し、ふのりを加えてのばすのであるが、昔はそのまま紅皿や紅鉢に入れて、化粧の料とした。紙に染める場合は、桶の中につけて染めた後、刷毛《はけ》で「ひき染め」をしてでき上る。工房の中では、お弟子さん達に交って、先生自身も忙しそうに働いていられ、天井には美しいからくれないの染め紙が、染まるはしから掛けられて行った。

椿の花心には、くちなしを使うが、これは「つけ染め」だけで染まるので、紅ほど手間はかからない。花心のことを、はかまとも、においとも呼んでおり、紅が三十枚、はかまが十枚、それに花びらの白い紙をそえて、お水取の用意はととのった。

お水取の練行衆が、戒壇院の別火坊に籠るのは、二月二十日である。その二、三日前になると、大和周辺の村里から、「東大寺　二月堂」と書いた竹の束や、椿の枝などが、牛車に積まれて集って来る。吉岡さんも染め紙を届けに行かれるので、私もついて行くことにした。寺務所の中は、いつもより忙しそうで、私たちが着いた時、奥州の白石からも、練行衆が着る紙衣《かみこ》が届いていた。お水取の行事もさることながら、楽屋裏のこういう雰囲気にも捨てがたい趣きがある。そこには私たちの知らない生活があり、表には現れない人々のかくれた協力がある。さすがに東大寺は、現在に至っても、総国分寺の隠然たる勢力を失ってはいないと思う。

応対に出て来られた坊さんが、椿の造り花について、左のようなことを教えて下さった。別火坊は女人禁制であるから、私は入ることができないのだ。

椿の花を造るのは、別火坊に籠って四日目の、二月二十三日で、これを「花ごしらえ」と呼んでいる。紙を切る坊さんと、造る人は別で、切るかたわらからでき上って行き、大きな木の盥《たらい》におさめる。この盥のことを「トコトンナ」という。美しい風景である。その時、一つの花でも下へ落すと、不浄のものとして捨てられる。これをチリと称して、望む人々にわけて与えるが、この頃はチリがほしい人が多くて間に合わないと、坊さんは笑っていられた。チリは塵であるとともに、散り椿でもあるのだろう。大和の農家では、このチリを苗代の四隅にさして、豊作のお呪いにするそうである。

別火坊で造った花は、二十八日に、椿の折枝につけられる。このころから、練行衆は「総別火」に入り、二月堂の横の宿所で参籠する。そして、修二会のはじまる三月一日、椿は仏前に飾られるのである。造花一つにも、このようなきまりがあるのだから、椿はよほど重要なものに思われているに違いない。

その時うかがった話の中で、もっとも感銘をうけたのは、お水取が終って、練行衆が下堂する頃になると、仏前に供えた造り花がみごとに開花するという。十人が十人、そういわれるのだから、夢でも幻でもない。チリは咲かぬが、お堂の花はみな開く。糊のかわき工合で、そういう不思議が起るのか、それとも生木の枝が水を吸って、花を咲かせるのか、そういうことは合理的に解釈するよりも、滞りなく行が終って、仏が納受したしるしの花と信じた方がいい。お水取の椿は、都卒天に咲く「天上の花」なのだ。そこではじめて黒谷の紙すきも、吉岡さんの染め紙も、成仏できるというものである。

荒川豊蔵

牟田洞人の生活と人間

こうして机に向って、あらためて考えてみると、荒川豊蔵氏の経歴について、私は少しも知らないことに気がつく。いつお生れになったのか、どこで修業をされたのか、作品についてさえおぼろげな知識しかない。記憶にあるのは、度々お宅へうかがって、心のこもったもてなしを受けたことと、毎年のようにお花見にさそって下さることで、私に関するかぎり、荒川さんはえらい先生でもなければ、陶芸家ですらない。仕事のことは殆んど話されないし、仕事場を見たこともないのだから、ただの友人、それも気のおけない飲み友達というべきだろう。だが、人間を知る上に、その人の生い立ちとか、年齢の差などは、枝葉のことではないだろうか。むしろそういったものをぬきにしてつき合える所に、荒川さんの器の大きさと、人間的な暖みがあるともいえよう。

多治見の町から北へ向って行くと、やがて久々利《くくり》の村へ入る。そこから山あいの道を東へ行ったところに、大萱《おおがや》の里があり、「牟田洞《むたどう》」と記した石標のわきで車を降り、清冽な流れにそって登って行くと、右手の岡の上に茅葺きの田舎家が見えて来る。ここが荒川さんのお住居、というよりかくれ家で、お嬢さんと二人で静かな生活をたのしんでいられる。未だに電話もひいてないのは、隠者めいていて面白いが、昔はここまで辿りつくのも容易ではなかった。たしかはじめて伺った時は、多治見から二時間近くかかったことを思い出す。が、最近は道も舗装され、のどかな美濃の山里にも、開発の波が徐々におしよせて来たように見える。

「牟田洞」は、桃山時代からある志野の古窯の一つで、正しくはムタガホラと訓む。この辺は山がせまっているので、しぜん谷も多いが、そういう風にえぐれた場所のことを、土地ではホラと呼んでいる。関東でいう谷戸《やと》とか谷《やつ》と同じような意味で、そういう地形と、いい土のあることが、陶器の窯を造るのに適していたに違いない。荒川さんがここを本拠と定めたのも、有名な筍の志野茶碗のかけらを発見されたからだと聞いている。

それは昭和初年のことであった。当時は、志野も織部も瀬戸の一種だと思われていたが、ある日名古屋の関戸家で、筍の絵を描いた茶碗を見、その土が瀬戸とはちがっていることに気がついた。もしかすると、美濃ではないか。直感的にそう思った荒川さんは、直ちに土地の人々をたずね、大平《おおひら》から大萱のあたりの窯跡をさがした。そして、まったく偶然にも、牟田洞で、同じ筍の絵の陶片を発見されたのであった。

人とものとの出会いは、実に不思議というほかはない。荒川さんの想いが天へ通じたのか、捨てられた破片が、何百年もの間、落葉に埋もれて、ひそかに人を待っていたというべきか、それは関戸家で茶碗を見て、わずか二日後のことであったという。

「一日中、山を歩いて疲れ果てて帰ろうとした時、土の中にふと白いものを掘り当てたのです。峠の上にのぼって、月明りに照らしてみると、それは志野の破片でした。しかもあの筍の絵が描いてあったので、私は狐につままれたような気がしました」

と、荒川さんはなつかしそうに回想される。それはお家から小川をへだてた向い側の、岡の中腹で、入口にはお誂いむきに竹藪もある、ただしこの竹は、茶碗にちなんで後に植えられたもので、今は立派な竹林に育っている。かつてはこのあたりに登り窯が築かれていたのであろう。はじめて私が行った頃は、志野の破片が散乱し、自然釉のかかったサヤや「馬の爪」（陶器を焼く時のせる台）などを拾ったものである。記念すべき筍の絵の破片は、座敷の戸棚の中に大切に保存され、とり出して見るたびに、何ともいえずうれしそうな顔をされる。まことにそれは不思議なめぐり合いであっただけでなく、日本の陶芸界にとっても、画期的な事件であった。その発見を機に、大平、五斗蒔《ごとまき》、久尻《くじり》、妻木《つまぎ》、笠原《かさはら》その他、多くの美濃古窯が発掘され、現代の志野・織部のブームの元をつくった。このささやかな一片のかけらがなかったら、未だに私達は、瀬戸の一種と信じていたかも知れない。そう思う時、誰しも深い感銘をうけずにはいられまい。

ましてや発見した当人にとっては、生涯忘れることのできぬ憶い出であろう。牟田洞に居を構えたのには、そういう浅からぬ因縁があった。関戸家の茶碗を見た瞬間、荒川さんの一生は定ったといえる。更にいえば、その茶碗が美しかったから、荒川さんをとらえたので、牟田洞は志野の中でも最高の名品を生んでいる。よく知られているものでは、「卯《う》の花墻《はながき》」の茶碗、「古岸」と名づける水指などで、土がこまやかで、手ざわりがふっくらと柔かいのが特徴である。私事にわたって恐縮だが、私もそこで造られたとおぼしき輪花のぐいのみ（生れは向付）を愛蔵しており、今それをかたわらに置いて書いているのだが、ほんのり紅をふくんだ肌に、薄霞のような釉がかかり、眺めていると大萱のあたりの風景が彷彿とされる。そして、荒川さんの田舎家で、暖いもてなしをうけたこと、その時飲んだ酒の香りまで、ほのぼのとただようような心地がする。

あれはいつの頃のことであったか、名古屋で北大路魯山人の展覧会があり、帰りに荒川さんにさそわれて、大萱の家へうかがった。今は亡き小山冨士夫氏のほか、二、三の方々が同道した。その時面白いおじいさんがいて、私に「名古屋の鶏はおいしいか」と聞かれた。「おいしい」と答えると、ひどく馬鹿にした調子で、「あんな暗闇で育てたぶよぶよした鶏がうまい筈はない。太陽にあてて、小石を踏ませた鶏でなくては本物ではない。わたしの所の鶏を喰べてごらんなさい」といって、持たせて下さった。その老人は一見百姓風の人で、野良着のままで会場に現れたが、後で聞くと名古屋の素封家で、美術品の大蒐集家であるということ。

荒川さんの交際範囲は広く、あらゆる種類の人間が集まって来る。大分後のことだが、脱獄十八回に及ぶという剛の者にも紹介された。殺人以外のあらゆる罪を犯したという人間で、今は懺悔の生活を送っている。荒川先生に会えたことは幸福だと、彼は語ったが、そういう奇人・変人とも心おきなくつき合えるのは、氏の人徳の致すところであろう。

さて、話を元に戻して、その夜は大萱の家のいろり端で、鶏鍋の御馳走になったが、あんなおいしい鶏は、あとにも先にも喰べたことはない。大萱へ行ったのはその時がはじめてで、食べものについて荒川さんが、極めてうるさいかたであることを知った。うるさいといっても、美食家とか、食通というのではなくて、自然のままのうぶな味わいを楽しむかたなのだ。

以来、おいしいものがあると、教えて下さるようになったが、このことは美術品の鑑賞とも大いに関係がある。食べものの味に鈍感な人に、焼きものの味がわかる筈はない。お酒が呑めぬ人に、酒器がわからないのと一般である。荒川さんの作品は、そういう日常の暮しの中から生れた。したがって、その源泉がどこにあるということは一概にはいえぬ。しいてあげるなら、古い美濃の国の歴史と風土、焼きものの伝統とのつき合いの中から、自然に育くまれたとしかいいようがない。荒川さんほど自分の生れた土地を愛し、しかも完全にその中にとけ込んでいる人を私は知らない。私のように故郷を持たぬものには、羨ましくみえてならないが、また氏の作品に人が魅力をおぼえるのも、そういう豊かな人間性にあるのではないか。

そのような人物を語るのはむつかしい。作品はいわば日常生活の結果に他ならず、極端なことをいえば、荒川さんの一部でしかない。別の言葉でいえば、芸術至上主義者ではなく、人生をたのしむことを知っている生活人なのだ。「造ろうとせずに、無意識に出来たものが美しい」といわれるのは、自然の前にいかに人間が小さな存在であるか、身にしみていられるからだろう。いい古された言葉だが、つき合っていると私は、「一期一会」という詞《ことば》を思い出す。何も大げさなことではない、それはたとえば一生に一度見られるか見られない花の便りであったり、いろり端で手ずから焼いて下さる田楽の味だったりするが、淡々とした仕草の中に心がこもっており、一つ一つの場面がたのしい憶い出としてよみがえるのである。

水上勉や宇野千代の小説で有名になった根尾の「薄墨桜」を、最初に教えて下さったのも荒川さんであった。美濃の奥に千数百年を経た桜がある。継体天皇のお手植えと伝えられ、死に瀕していたのを、知人の漢方医が、まわりに若木を何十本も植え、根つぎをすることによって命を復活させた。「これ、こんな風に……」と、言葉ではもどかしいのか、硯をとりよせて、念入りに絵を描いて説明し、花の咲く頃見に行かないか、とさそって下さった。そういうことになると、人一倍熱心で、山奥のことだから、花は四月末頃に咲く。今、スパイを放って、御機嫌をみているので、ちょうどいい時に知らせる。名古屋まで迎えに出るから、ぜひ来るようにとすすめられた。

私もそういうことは大好きな方だから、知らせが来るのを心待ちにしていたが、四月の十日頃だったか、突然電話がかかって来た。今年は暖いので早く咲いた、明日朝来るようにとの知らせである。私は万障繰合せて、翌朝名古屋へむけて旅立った。約束どおり、荒川さんは駅で待っていて下さり、車で根尾へ向ったが、それからが大変であった。岐阜県内のことだから、よく御承知だと思っていたのに、まったく方向オンチなのである。何度木曾川を渡り、長良川を越えたことか。直真ぐ行けば二時間くらいで行けるところを、一日がかりで辿りついた時にはへとへとに疲れていた。

さすが名に負う「薄墨桜」は、みごとな大木で、幽艶な花をつけており、わざわざ見に来たかいはあったが、以後、荒川さんの道案内は信用しないことにした。が、先生にとって、そんなことはどうでもいいに違いない。ただ美しい桜がどこかにあり、それを見てたのしめば事は足りるのだ。時間の観念も我々とはちがって、それによっていささかも束縛されることはなく、天地の間を行く悠久な流れとでも思っていられるらしい。だからどこかへ旅行しても、気に入ればひと月でもふた月でも滞在される。時には行方不明になって、お弟子さんに聞くと「またどこかで沈没してるんでしょう」と、一向に動じない。そういう人の一挙一動を見ていると、仕事にあくせく追われるのが、どんなに貧しくさもしいことか、反省せずにはいられない。荒川さんの生い立ちは、そう仕合せというわけではなく、ずい分辛い目にも会われたであろうに、そういう心境に至ったのはお見事という他はない。特に現代のような忙しい時代に、世間の波にさらわれず、自分のペースを守って生活していられるのは、ある意味では頑固一徹な、意志の強い人間ではないかと思っている。

「薄墨桜」を見た翌年か、翌々年かに、また荒川さんから絵入りの手紙が来た。飛騨一の宮にある名木で、「臥龍の桜」という。根元に土地の豪族を祀る祠《ほこら》が建ち、太い幹の空洞から、一の宮が拝めることが気に入ったらしく、克明な説明書きがそえてある。この桜が「臥龍」と呼ばれるのは、龍のように地をはった枝から根を生じ、そこから一本の若木の桜が生えているからで、その驚くべき生命力に感動されたのであろう。「此の部分已に枯れて腐る」、「此処から更に根を生ず」、「樹齢千年とも云われて居るも定かならず、兎角根尾薄墨桜に次ぐ名木と見ました、云々」と、ことこまかに記されている。

そういうものを教えて下さる時でも、人からの又聞きではなく、自分の眼で見てたしかめて下さるから、絶対に間違いはない。絵の話が出たついでに書いておくと、荒川さんは写生することが好きで、いつもスケッチブックをたずさえていられるが、広汎な趣味と好奇心が、作品の上に活かされる場合は少なくないと思う。

私が飛驒へ行ったのは、それから間もなくのことであった。ちょうどその頃私は、『かくれ里』という連載を書いており、美濃から飛驒へかけて取材したいと思っていた。そのことをお話しすると、向うの方が乗り気になり、大萱のお家へ泊めて頂いたばかりか、その周辺を自から案内し、はるばる飛驒までついて行って下さった。くわしいことは『かくれ里』の中に記したので、ここでは省きたいが、景行天皇の「泳宮《くくりのみや》」の行在所、美濃の豪族、八坂入彦の墓、銅鐸が出土した遺跡から古代の窯跡、はては石器時代の洞窟まで、一日がかりで見て廻った。今はささやかな山村にすぎぬ久々利の里が、有史以前から開けていたこと、独特の文化が培われていたことに私は驚嘆するとともに、志野や織部がこの地域に、忽然と発生したものではないことを知った。

それ以上に印象に残ったのは、荒川さんが時々車を止めて、木の芽やわらびを摘んでいられる姿であった。何のためかと思ったら、夜のおかずにそれらの山菜が出たのである。お嬢さんの手料理で、先生はいろり端でお燗をしながら、お豆腐を焼いて下さる。山里のこととて、これだけしかないといわれたが、私にはどんな御馳走よりもうれしく、有がたく頂戴した。ほんとうの茶人とは、こういう人をいうのであろう。茶道は堕落しても、その伝統は別のところで生きている。茶室でお手前を見せるだけが、茶人ではないと私は思った。

その夜はお宅に泊めて頂いたが、ほととぎすの声に目ざめた朝の景色も忘れられない。夜明けの霧がただよう中を、小川へ降りて顔を洗う。何より傑作なのはお風呂場で、川をへだてた向う岸に建っており、今でも薪で焚いていられる。その灰は陶器の制作に用いるので、いわば必要品でもあるわけだが、ガスや石油では水が硬くなるといって、お嫌いなのである。そういう点では、荒川さんは贅沢だ。わがまま者でもある。そこの所をよく理解して、一家を取りしきっているのがお嬢さんで、お名前を利子さんという。よくは知らないが、結婚したばかりで御主人が戦死され、そんな不幸な境遇にも拘わらず、至って朗らかで、お父様に似て円満な人相をしていられる。とりたてて美人というのではないが、北陸から美濃・近江へかけて見られる女神像とか、女面の系統で、お顔を見ているだけで和やかな気分になる。関東では絶対に見られぬ日本女性の典型というべきか。「中々どうして、気が強くて……」と、お父様はいわれるが、気が強くなくては、こんな山里で留守を守ることは難いであろうし、多くの来客をもてなすことも出来ないに違いない。私が日本女性の典型というのは顔だけのことではない。木綿絣がよく似合い、料理が上手で、いつも笑顔を失わず、いそいそと立ち働く姿をこの上もなく美しいと見るからである。ごはんが済んだ後では、一緒に合流してお酒を呑まれるが、中々の酒豪であるのも頼もしい。

雑木林にかこまれた住居といい、簡素な暮しぶりといい、けっして豪華ではないが豊かな趣味にあふれている。床の間には、山で摘んだ野草が活けてあり、宗達の絵や、光悦の書がかけてある。荒川さんは美術品の蒐集家ではないが、時々珍しいものを掘り出して私達を羨ましがらせる。筍の茶碗のかけらを見つけたのと同じ眼が、骨董の上にも働くのであろう。そういう点では、加藤唐九郎とは正反対の人物である。最近私は仕事の上で、唐九郎さんともつき合うことが多いが、生活に関して彼ほど無頓着な作家はいない。未だにかまぼこ型の兵舎に住んで平然としており、仕事場も、陶器の工房というより、工場みたいに殺風景である。荒川さんの口が重いのに反して、弁舌はさわやかで、頭の回転が早く、話も面白すぎるほど面白いが、すべて作品に関することばかりで、正に「仕事の鬼」とは唐九郎のような人物をいうのだと思う。どちらがいいとか、正しいとは一概にいえないが、「仕事の鬼」の方がはっきりしていて、世間に通用しやすいだろう。一方、荒川さんは茫漠として、つかみ所がなく、何を考えていられるのかわからない。一般の評判とはちがって、私には、「野人」を自称する唐九郎の方が、ある意味でははるかに無邪気で、単純な人間であるように思われる。

荒川さんが書きにくいといったのは、そういう意味でだが、書く以上はそういって済ますわけにも行くまい。この度は「遊び」ではなく、仕事のために取材に行ったが、結局は、木《み》乃伊《いら》取りが木乃伊になって帰って来た。

それは小春日和の昼下りであった。この頃はハイウェイが出来たので、名古屋から土岐市へ、逆に大萱の里へ入る。さすがに町をはずれると、昔ながらの静かな山村で、雑木林のところどころに、残《のこ》んの紅葉が色をそえている。牟田洞へつくと、例によって、荒川さんがモンペ姿で出迎えて下さる。お家のまわりには野菊が咲き乱れ、床の間の信楽の壺にも秋草が活けてあった。私が行く時は、いつも好きな道具が出ているが、今日は味のいい根来の盆が置いてある。かたわらで利子さんがお茶を立てて下さるが、その茶碗がまた稀にみる美しい織部であった。

「よびつぎ」というのであろうか、薄手の織部を七つ八つはぎ合せたもので、花あり、横段あり、立縞もあるという工合に、面白い趣向が凝らしてある。正しくこれは焼きものの「辻が花」である。時代も「辻が花」と同じ頃（桃山期）のもので、こわれた破片を丹念にはぎ合せてあるのだが、作った人は小袖の文様を胸に浮べてついだのであろう。元より破片をよせ集めたものだから、一流の名品でも、高価な茶碗でもない。が、胸のすくような逸品である。「よびつぎ」とはよくも名づけた、そう私は思ったが、まことにそれは互いに友を求めつつ、めぐり合ったという風な姿をしており、口当りも、重さも、申し分がない。「昔はこの辺の窯跡でいくらでも陶片がみつかった」と、荒川さんはいわれるが、色といい、厚さといい、これだけ似合ったものを揃えるには、長い年月がかかったに相違ない。いわば不完全なものがより合って、完璧な一つの世界を造りあげている、見た目の美しさもさることながら、私はむしろそのことに感動した。

まだ日は高いのに、酒盛りがはじまり、岩茸が出る。岩茸は美濃の名産で、険しい岩山でとれる。荒川さんは、自分は登れないけれども、人に頼んでとって来て貰ったといわれた。掘りたてのお芋に、とりたての茸、それにおいしい地酒と、みごとな道具、これだけ揃えばもはや何もいうことはない。取材に来たことも忘れはてて、私は荒川家の雰囲気に酔った。夕方になると、名古屋や飛騨から色々な人が集まって来る。近在の窯から若い陶芸家達もやって来た。彼らにとって、荒川家は一種のサロンなのだろう。その中には、県庁の役人も、百貨店の番頭さんも、新聞記者も、作家も交っており、それぞれ専門の違う人々が、和気あいあいととけ合っている姿に、私は昔話に聞く同朋衆の集まりを想った。新しい日本の文化は、もしかすると、忙しい都会からではなく、こういうつき合いの中にかもされて行くのかも知れない。作品の構想も、骨董の掘出し物も、荒川家のサロンから生れるのではないか。そう云えば、どこかの山奥で、新しい桜を発見したと誰かがいっていた。私の取材は失敗に終ったが、お花見のたのしみはまた一つふえた。春も近い。そのうち牟田洞人から挿絵入りの手紙が届くことだろう。

北大路魯山人　世紀の才人

近ごろ、焼きもの好きが集まると、「魯山人が生きていたらなあ」という言葉をよく耳にします。殊に、生前仲が悪かった人ほど、懐かしがっているようです。私が魯山人を知ったのは、戦後の比較的みじかい期間だけでしたが、それでも何か面白いものが手に入ると、彼に見せたかった、喜んで貰いたかった、と思うくらいですから、深く付き合った人々にとっては尚更のことでしょう。

たしかに、魯山人ほど独特の鑑賞眼をもつ人は少なく、またそれを作品の上に、活かした人もおりません。が、もし現実に生きていたとしたら、永久にこんな言葉は聞けなかったに違いありません。それ程彼は、世間の人々に評判が悪かった。というより、他人と折り合えない不幸な人間で、私なんかよく「黙って物を作っていれば、もっと受けるのに」と、面と向っていったものですが、亡くなった今日それが実現してみると、よけい淋しく思われてなりません。

　はじめて魯山人に会ったのは、終戦直後のことでした。何しろ、むつかしい人物ということで、おそるおそる青山二郎さんに連れられて行ったのですが、それは聞きしにまさるいい住居でした。といっても、茶人風に美しく住みなしたというのではなく、折しも秋の最中のことで、枯れかかったしだ
や苔の間に、ほととぎすが咲き、紅葉がその上に散っているのが、山間《やまあい》の田舎家にふさわしく、「適度に荒れているのがいいわ」と褒めますと、山人は大分《だいぶ》その言葉が気に入ったようでした。

　それで第一の関門は通過しましたが、御馳走になって、お酒がまわって来ると、そんなことでは済まなくなって来ました。相客は青山さんではあり、談論風発するうち、何が気にさわったのか、突然仁王立ちになり、私に向って、「もう帰れ」とどなりはじめた。私は何が何だかわからないし、帰る理由もないので、「いやよ。面白いから、まだいさして頂くわ」。そういうと、拍子ぬけの体《てい》で、「変な女だな」といったきり、驚くべき素直さで座に直り、その夜は愉快に呑みあかしたのでした。

　成程、魯山人のはったりといわれるのは、こういうことなのか。あるいは、女とみて、少

しお手柔かに加減したのかも知れない。それにしても、気の弱い、子供みたいな人だと、その時はむしろ好意をもったのですが、付き合うにつれ、いささかの好意ぐらいでは、太刀打ちできないことがわかって来た。えばること、欲が深いこと、虚栄心の強いこと、それらはまだ許せるとして、有名人や金持ちの前には、友達も塵あくたの如く扱われることには、付き合いの浅い私にも、さすがに我慢しかねるものがありました。ことに、長年世話になった人が、落ち目になった時「あいつにはもう用はない」といったのには、むしろ哀れを感じたものですが、ある時、珍しくしんみりと、こんな話をしてくれたことがあります。

——自分ほどみじめな生い立ちをしたものはない。文字どおり、藁《わら》の上に産み捨てられ、お七夜の晩には、母親の懐に抱かれて、京都から雪の比良《ひら》の嶺を越えて、田舎の養家へ貰われて行った。

だから親の顔も知らないのだが、その後も転々と、七、八軒もたらい回しにされたあげく、七つの時には、京都市内のある木版屋に、丁稚奉公に出されていた。その頃の生活は、貧乏なんてものじゃない、どの家に貰われても、飯もろくに食べられず、人に愛されたことは一度もない、どこでもここでも、邪魔者扱いにされるばかりだった。

「だからわたしにとっては、貧乏が敵なんだよ」と。

その木版屋に奉公したことが、魯山人の才能をのばす為に、一つのきっかけとなったようです。人も知るように、彼は篆刻《てんこく》でも、一流の腕を持っていましたが、それはこの時に培われたもので、といっても、当時のことですから、手をとって教えられたわけではなく、見様見真似で身につけたものでしょう。

折角、技術を習おうと思って、やとわれたものの、それは一つも教えてくれず、毎日家事に追い回されていた。あんまり辛いので、ふと外を見ると、筋向いの店に行灯《あんどん》がかかっている。そこに書いてある字が中々いい。子供心に非常に気に入って、墨も筆もない所から、いつも空に指で書いては習っていた。後から聞くと、その看板は竹内栖鳳《せいほう》が書いたものだったそうですが、げに梅檀《せんだん》は双葉より芳《かんば》しというべきでしょう。

そうして、十八、九の頃には、まったくの独学で、習字の懸賞に応募して、一等賞をとったと伝えられています。その頃から京都の有名な蒐集家・内貴《ないき》清兵衛氏等にみとめられ、書や篆刻ばかりでなく、絵画や陶器、後には料理にまで、自在な腕をふるうようになりました。中でも、美術の鑑賞は独自なもので、今もてはやされている鎌倉で発掘された古瀬戸も、山人の発見によると聞きますが、私がもっとも感心したのは、その日常の暮しぶりでした。身近に使っている道具の類に、豊かな趣味と、こまやかな神経が行きとどいていたのです。

たとえば、ほんのちょっとした醤油入れにも、古瀬戸の愛すべき小品を使うとか、洋酒は、薩摩ガラスの瓶に入れるという工合で、高価なものなら、お金を出せば誰にでも買えますが、安くて、美しい物を見出すのは、中々むつかしいことだと思いました。

古九谷の絵皿なども、五枚二百円で買って来たとかいって、大変喜んでいたそうですが、そういう時の山人は、ほんとにたのしそうだったと、美術商の瀬津さんが話してくれました。同じく唐津の茶碗でも、今こそ大変高い値になっていますが、当時はたやすく手に入ったもので、人にみとめられないそうした美術品を掘り出してくることに、無上の喜びを感じているようでした。魯山人の身の回りは、そのような「発見」で埋まっており、何気なく、そこらに置いてあるものが、住居と生活に調和して、いかにも生き生きとなじんで見えるのでした。

その暮しぶりは、桃山時代のお茶というものを、現代に、見事に活かしているようにも見えました。同じことが、陶器の作品についてもいえるのではないかと思います。彼は決してある種の作家達のように、工芸の本質を無視して、独創に走ることはなく、たとえば桃山時代の志野や織部、あるいは瀬戸でも、忠実に模しており、その点彼の性格とは反対に非常に謙虚な態度でしたが、模したにもかかわらず、そこには私みたいな素人にもひと目で「魯山人の作」とわかるものがある。贋物がつくれる陶工は沢山いますし、事実、今出来《いまでき》のものが、本物の中に模造と知らずまぎれこんでいる場合は多いようですが、魯山人に関するかぎり、そんな間違いは起らない。あくまでも、それらは魯山人の志野であり、魯山人の織部である。職人と、芸術家の違いでありましょう。

が、その「芸術」については、いつも悩まされたものでした。ふた言目には、大きな手をふりかざして「そも〳〵、芸術とは」とぶちはじめる。

「それ〳〵、それをいわなければ、芸術家なんだがな」と、いくらいっても止まることではありません。それもまともな芸術論ではなく、多くの場合、人の悪口か、自慢話です。天才とは、皆そうしたものでしょうか。あれ程物がよく見えて、美しい生活をいとなみ、美しい作品を作っている人が、どうしてこんな所に堕《お》ちて行くのか。

たしかに、魯山人は、美に関しては、利休の直弟子《じきでし》でしたが、利休の精神は受けつがなかった人のようです。

そのことは、一番人柄の表れる、書を見ていると、何とは知れずわかって来るものがあるように思います。実に巧くて、ほれぼれする程美しいのに、何か此方《こちら》をとりとめてくれるものがない。別の言葉でいえば、心に訴える力を欠くのです。書や絵とちがって焼きものの場合は、火が中間に入る為、救われていたのかも知れません。したがって、厳格な意味では、「天才」とも「芸術家」とも呼べないのでしょうが、人間の弱点という弱点をしょいこみ、かたわら美しい作品を生んだ魯山人は、やはり私にとってほっとけない人物でした。

これは黒田陶苑《とうえん》の主人の話ですが、ある時喧嘩して、長い間たずねないでいると、突然、色紙（籠の中に一羽の鳥の絵を付す）を送って来た。見ると、「主人なんじを愛すと云えども、なんじは却って無情、云々」と書いてある。

「淋しいんですね、そんな時はどんなに怒っていても、つい行ってしまったものです。魯山人には、そんな無邪気な所もありました」と。

みずから籠の鳥にたとえた所も、その場の即興とはいえ、ふだんの気持ちが出たものでしょう。思いなしか、この小鳥は、彼の姿に似ているようにも見えます。これも黒田さんから聞いたことですが、魯山人はいつもこういっていたそうです。

「目あき千人、見る眼のない人千人というが、実際には目あき千人の中に、ほんとの目あきは一人しかいない。が、その一人はおそろしい」

その千人に一人のような目利きが、彼の周囲にはむらがっていました。青山二郎さん、小林秀雄さん、真船《まふね》豊さんとも親交がありましたが、陶苑の黒田さん、雅陶堂《がとうどう》の瀬津さん、珍品堂の主人こと秦秀雄さんなども、みな彼の影響を受けた人達です。人を育てることも名人で、今一線で活躍している陶芸家の中にも、直接間接に教えを受けた弟子は多いのです。ただ残念なことに、誰一人として長つづきするものはなく、妻子に至るまで背いたのは、みずから招いたとはいえ、惜しいことでした。先生先生と、あがめる取り巻きだけ残して、心をわかった友、技を伝えた弟子が去って行く姿を見て、どんな気持ちがしたことでしょう。が、人間は一生、同じ模様を描くもののようです。淋しがりやのくせに、わがままで、独りよがりで、人の言葉に耳をかさない性格は、最期の時まで変ることがありませんでした。

結局、魯山人の芸術の特徴は、その素人的な所にあったと思います。素人というと、誤解を招くおそれがありますが、技巧におぼれず、物のはじめの姿というものを、大づかみにとらえていた。

物を見る（うぶな）眼と、職人の（熟練した）手というものは、中々両立しないものですが、その両方を兼ねそなえていたといえましょう。焼きものがそうでした。庭造りがそうでした。鑑賞眼もその中に入ります。幅が広い点では、光悦にも比すべき才人で、陶器を焼く場合でも、腕のいいろくろ師を使って、自分は最後の仕上げと絵つけをすることにとどまり、だから魯山人を陶工として認めない人もいましたが、工芸家はそれでよいのだと私は思っています。事実、彼がちょっと手をふれただけで、みるみる形がしっかりとし、生気をおびる瞬間を、私は何度も目撃したことがありました。

その意味では、素人の極限まで到達した人間と見るべきでしょう。日本の芸術の場合、これはもう玄人以上の存在といえます。魯山人の焼きもののよさも、その生活態度と同じように、あまりかしこまった作品より、気楽な雑器にあったと思います。抹茶茶碗や大きな花生けなど、私はそれ程感心しませんが、ごはん茶碗、湯呑み、小皿の類は、使えば使うほど美しさを増して行きます。が、晩年、小物は作らなかったので、惜しいと思い、頼んでみると、

「お茶の茶碗だと、一つ何万円もするのに、同じ手間と場所をとって、飯茶碗だと五百円にしか売れない。そんな馬鹿なことが出来るか」

と、けんもほろろの挨拶です。

成程、それにも一理ありますが、何も自分で手がけることはない、窯があそんでいる時に、弟子に指図して作らせたらよかったのです。そういう所も、商売が一応巧いように見えて、ほんとは下手な人でした。何故、自分ほどの天才が、思った程有名になれないのか、もうか

らないのか、彼にはいつも不思議であり、不満も抱いていましたが、金持ちばかり相手にせず、安い日常品を沢山作っていたら、一世を風靡することも出来たでしょうに。一般の大衆も、もっと美しい道具がたのしめたでしょうに。人と喜びを分かつことのたのしさを、魯山人は、ついに知らずに終りました。

お葬式のときも、そういう人間のさむざむとした空気がただよっていました。私が会ったこともない遺族の人々、出入りの商売人、それから取り巻きの崇拝者だけで、友達と呼べるものは、——もしその中に入れて貰えるなら、私一人のようでした。その時ふと、いつも肩をそびやかし、傲岸不遜だった人間の、後ろ姿の淋しさを見たように思いますが、あれからもう何年かたちました。

そして今、その体温のほとぼりがさめた頃になって、魯山人の焼きものは復活しつつあります(最近、値段を聞いてびっくりしましたが、特にアメリカ人が好んで買って行くそうです)。ほんとに、時間というのは有難いものです。やがて、あの怒り肩の肉も落ち、あから顔も色あせ、私達もいなくなってしまえば、作品だけが完全に独り歩きをしはじめることでしょう。その時、魯山人は、此の世では望めなかった幸福を、はじめて獲《か》ち得るのではないでしょうか。

魯山人のこと

私は今までずい分魯山人の提灯をもって来た。一つには生前の魯山人があまりに人に嫌われていたために、その作品まで不当に扱われていたのと、現代の陶芸家の造るものがひどすぎるからである。ひどすぎるだけでなく、口先でごまかしている。昨日もテレビのコマーシャルを見ていたら、ふた目と見られぬ大皿を披露して、「陶器は使うものです。使ってみないことにはわからない。ほら、こんなに美しくなるでしょう」と、刺身を山盛りにつけて見せていた。私は思わずゲーッとなったが、せめて魯山人にこのくらいの弁舌があったら、蔵が建っていただろうにと口惜しくも滑稽にも思われた。

堕落しているのは政界だけではない。日本中が金にふり廻されて気が狂っているのである。そんなことで一々怒っていたら身が持てない。いつの時代にも平常心を保つことが難かしいのは、兼好法師が「とにもかくにも虚言《そらごと》多き世なり。ただ常にある珍しからぬ事のままに心得たらむ、よろづ違《たが》ふべからず」といったのをみても判ることで、私などがいくら提灯をもったところで、魯山人の作品が、今日のように法外な値段にはならなかったであろう。

聞くところによれば、最近は魯山人の書が特に高いそうで、良寛の数倍もするという。聞いた時にはちょっと義憤を感じたが、「とにもかくにも虚言多き世」と観じて、自分と無関係なことには無関心でいることにした。むしろ提灯をもつ必要がなくなってほっとしたくらいだが、昔、青山二郎さんに魯山人の書についての感想を訊いた時、たったひと言、「魂がない」といったことを憶い出す。魂があろうとなかろうと投資のために美術品を買っている人たちには必要のないことだが、読者の中にはまだいくらか魂のことが気にかかる人がいるに違いないと信じて、こういう機会に私は書いておきたいのだ。

魯山人は書も巧かった。陶器も巧かった。その他もろもろの覚えていられぬほど多くのものを造り、みな巧かった。が、はたして私はそれらのものの中から、肝に銘じて何かを貰ったことがあるだろうか。残念ながらノウと答えるほかないのである。ただ抜群に趣味がよかったから買ったまでで、箱書があるものはすべて売ってしまった。良寛の例をひくまでもなく、その値段で魯山人以上の本物が買えたからである。今は日常使っている雑器しか残っていないけれども、それらのものにはまだいくばくかの思い出がある。魯山人の家へ遊びに行く度に、作品がほしいというと、台所にあるからいくらでも持って行け、といわれて貰ったものだからで、別して展覧会で買った大物よりこれらの小品の方が見劣りするわけではない。

先に私は「弁舌」ということをいったが、彼はけっして弁舌が下手だったのではない。口を開けば人の悪口しかいえなかったという意味で、それ以外は自慢話か、単純きわまりない芸術談義で人をうんざりさせるのであった。

「要は名器を見て学ぶ態度を修業の第一としなくてはならぬ。これが私の作陶態度であることはいうまでもない。私の古陶磁蒐集は畢竟学ぶためになにより必要な仕事だと思ってのことである。名器を見ずして作陶に耽るは、書を読まずして学者たらんとするに等しくはないであろうか」(『魯山人著作集』)

一応御尤もすぎて当り前の説のように聞える。だが、名器は見るだけで学ぶことができるものだろうか。学者は書を読むだけで学者になれるのであろうか。そこに魯山人の子供っぽさというか、浅はかな態度が見られると思う。彼は「学ぶためになにより必要な仕事だと思って」、陶器を蒐集したという。要するにそれは陶磁器を愛したのではなく、真似るために利用したにすぎないのであって、そういうものが文章の上のみか陶器や書にもありありと現れている。青山さんが「魂がない」といったのはおそらくそういうことなので、言葉は何とでもいえると思うのは嘘である。

「世上見るところ、よく人を傭い、窯を築き、もって職工に自己好みなるものを作らせ、それをもって得たりとするむきもあるが、かくのごとくして出来上ったものは、あわれにもひそかに自己の好みなるもの、思いつきなるものが混入しているというに過ぎぬ。このやり方で出来たものは、無精神なる形骸のみを巧みに真似るも、当然の帰結として作品の上になんらの魅力もあろうはずがない。いいかえれば、精神の力を欠いた、いわば名器の外装を凝らしているところの、下劣な悪器たるに終っているまでである」（同上）

に至っては、「文は人なり」とは何という名言かと思わざるを得ない。「世上見るところ」では、魯山人はろくろ師をやとい（かつては荒川豊蔵氏もその一人であった）、窯の上手に窯をつかせ、職人に自己好みのものを作らせることにおいて名人であった、名プロデューサーであった、と私たちは感心していたのである。利休でさえ長次郎に「楽」を造らせ、「井戸」を発見したのだから、何も恥じることはない。が、嘘をつくからすぐお里がばれるので、みずから陶工をもって任ずるなら、無心に土を練り、ろくろを廻して、精神なんかについて云々しなければよかったのだ。精神の美を語るから、「このやり方で出来たものは、無精神な形骸のみを巧みに真似るも、当然の帰結として作品の上になんらの魅力もあろうはずがない」ということになり、魯山人の作品を「下劣な悪器」とまではいいたくないが、「精神の力を欠いた、いわば名器の外装を凝らしているところの」趣味のいいお土産物に見えて来るのはいたし方がない。実際にも、彼はたとえば「わかもと」の景品などを山と作っていたのであり、現在世間に流布されている作品の中にはそういうものが数多く交っている。それも一種の才能には違いないのだから、かくすことはないのだが、それにつけても物を書くというのは怖しいことであると思う。

最後に一つ、あまり面白い話ではないが、編集者さんがぜひ書いてくれというから書いておこう。

ただ一度だけだが、昔、私は魯山人をなぐったことがある。今記した「わかもと」のパーティで、わかもとの長尾夫人は人を集めることが好きで、その時も魯山人をふくめて三、四十人はいただろう。私は白地に金銀の箔で、もみじを散らしたきものを着ていたが、誰かが魯山人に字を書かしたら面白かろうといった。私はすぐ乗るタチだから、きものをぬいで長襦袢だけになり、魯山人が何を書くのかと訊くから、「林間に酒を暖めて紅葉を焚く」と書いて頂戴。ただし、もみじは既に文様になっているから「紅葉」をぬいてほしいと頼んだ。

そういうことがお手のものの魯山人は、程よく文様の間に文字を散らして行ったが、「酒を暖めて」まで書いた時、例によってごねはじめた。思うにあまり素直に引き受けたので、自分の存在を誇示してみせたかったのだろう、およそ二、三十分はそうしてごねていたが、こちらは衆人環視の中で長襦袢一枚でふるえている。ついに癇癪を起して、もろに一発食らわせてしまった。魯山人は女になぐられたことは一度もなかったらしく、鳩が豆鉄砲を食らったような顔つきをした。

間髪を入れず、長尾夫人が飛んで来て、「よくやってくれたわね。あたしが長年やりたかったことなんだよ」。さすがに彼女は私よりはるかに大人だったのである。

あとで私は青山二郎さんに叱られた。「電車の車掌みたいな奴をなぐるのは止せョ」と。電車の車掌さんには申しわけないが、けっして馬鹿にしたわけではない。「たとえば」の話で、我々とは関係のない人間という意味である。今考えてみると、なぐるよりひどいことをいったのは青山さんで、最初から魯山人をてんで相手にしていなかったということだ。

若げの至りのお粗末……、先ずはこれにて。

横石順吉

贋物づくり

今から十七、八年前、贋物の古伊万里がブームを巻き起したことは、誰の記憶にも残っていると思う。御多分に洩れず、私もひっかかったが、不思議なことに後味は悪くない。ふつう贋物というものは、一週間もそばに置いて眺めていると、何となくいやらしい感じがして来る。作った人の魂胆が見えすくのであろうか。しまいには見るのも汚らわしくなり、割ってしまうか、戸棚の隅に押しこんで、二度とふれる気はしないものである。

だが、この古伊万里だけは違っていた。たしかに夢が醒めてみれば、焼きが甘くて、生地が厚ぼったく、見込みや高台《こうだい》にわざと灰をくっつけた形跡がある。絵は下手なのもあれば、巧いのも交っていたが、書は抜群に上手であった。たとえば京都の骨董屋さんで見た「雪月花」とか、「いろはにほへと」と書いた茶碗などは未だに忘れることができない。考えてみれば、散らし書きの仮名なんか、初期の伊万里にある筈もなかったが、熱に浮かされている間は、それらの怪しい点が、正に長所としか見えなかったのである。焼きが甘いから捨てたのだろうとか、絵が下手なのが面白いとか、理由はいくらでもつけられた。世の中の骨董好きが、古窯から発掘された破片を見て、こんな完品が出て来たら見逃しはしない、そう思っていた夢が叶えられたのだから嬉しかった。今思い出してみても、あの時は楽しかった、よくぞだましてくれたと、そんな記憶しか私にはない。ほかの陶器に比べると、伊万里は比較的安いから買えたので、安いからだまされたともいえるであろう。

贋物とわかってからも、私は身近において使っていた。二十年近くつき合ってみれば、物いわぬ骨董もついには口を利くようになる。鈍い色の肌は、とろりとした味になり、高台についた灰もすれて、気にならなくなった。自分はけっして贋物ではない、ただ贋物として扱われたにすぎない、私にはそう囁いているように見えた。世間は正直なもので、贋物騒ぎが一段落すると、稀には骨董の市にも出るようになり、「例の伊万里」として、相当な値段で売買されていると聞く。してみると、もはや贋物ではなく、新作の伊万里ではないか。新作と思って見るならば、これ程上手で、趣味のよい作家は現代には珍しい。一体どこの誰が作ったのであろう。私は心当りをたずねて廻ったが、聞けたのは断片的な情報だけで、たしかなことは誰も教えてはくれなかった。

そうしている間に、この職人が、三十何歳の若さで亡くなったことを知った。ある人々は、罰が当ったのだといい、いや、どこかに生きていて、今度は志野か織部を焼いているかも知れないといった。いずれも贋物伊万里が横行していた頃は、目の色変えて走り廻った人たちで、私はその若者に同情した。「贋物づくり」という刻印を押されて、この世を去った無名の陶工が、哀れに思われてならない。が、ほんとうに死んだかどうかも不明のまま、また何年かの年月がすぎた。

しばらくぶりで訪ねて来た骨董屋さんが、私が灰皿に使っている「例の伊万里」を見て、又しても作者の話が出た。直接会ったことはないけれども、彼には弟がいて、九州で活躍している。伝手《つて》を求めてたずねたら、真相がわかるかも知れないという。別に真相なんか知りたくはなかったが、これ程の職人を埋れさせてしまうのは惜しい。ほんとうに死んだのなら、残った作品だけでも、新作として売り出したらどうか。きっと喜ぶ人たちもあるに違いないとすすめると、彼は話に乗って来て、九州には知人がいるから、紹介して貰おうということになり、私たちは飛行機で福岡へ向った。

福岡の空港には、彼の知人が待っていて、当人が亡くなったのは事実だが、弟さんは健在で、当時のいきさつを洗いざらい話してくれるという。それは関係のあった人々が、全部死んでしまったからで、機が熟するとはこのことであろう。今もいったように、私は贋物伊万里の真相などに、まったく興味はなかったが、彼の生い立ちと人となりは知りたかったし、長い間つき合った作者のお墓参りもしたかった。

北九州も福岡までは行ったことがあるが、有田も唐津もはじめてである。翌日は朝早く車で立ち、途中、古墳が多いことと、海山の景色の美しいのに目を見はった。三時間ほどで有田に着き、目ざす相手は史料館で待っていて下さった。いかにも九州男児らしい、さっぱりした気性の男性である。名を横石圭外といい、兄は順吉といったと、その時はじめて知った。史料館で発掘の古伊万里を見た後、「天狗谷《てんぐだに》」その他の窯跡へ案内して貰ったが、李参平《りさんぺい》が発見したという「泉山《いずみやま》」の採掘場は、中でも強い印象を与えた。四百年の間掘りつづけて、未だにつきることのない陶土の山は、凄惨な歴史の爪跡を現し、骨董という魔性のものの素顔を、白日のもとに曝している。子供の頃は、よくここへ松茸を採りに来たと、横石さんは語ったが、私の持っている贋物も、泉山の土で焼いたのかと思うと、何となくなつかしい気がしないでもない。が、それについては、人の名誉にかかわることだから、いかに不作法な私も切りだしかねていた。

有田には、イザナギノ命《みこと》の遺髪を埋めたと伝える「黒髪山《くろかみやま》」という神山がある。その麓で、川魚料理を喰べている間に、横石さんは、ぽつりぽつりと、兄さんのことを話してくれた。いっしょに飲み喰いすることほど、人の気持をほぐすものはない。彼は亡くなった順吉さんを、心の底から愛しているようであった。家は代々焼きものにたずさわっていたが、父はしがないろくろ師で、子供の時から貧乏の辛さが身にしみていた。兄が二十四歳、弟が二十一歳の時、二人は青雲の志を抱いて上京し、日本橋に陶器の店を開いた。といっても、唐津や伊万里の破片が主で、品物は形ばかり並べていたにすぎない。その店は失敗に終ったが、東京に滞在したことは勉強になった。都会の人々が、李朝や初期伊万里の、やわらかい味を好むことも知った。二人は九州へ帰って、陶器を造ることから出直そうと決心し、備前の金重《かねしげ》陶陽《とうよう》氏に、徳利の作り方を習った。いくらろくろ師の家に生れたとはいえ、順吉さんはたった一週間で覚えたというから、よほど才能に恵まれていたのであろう。

それから二、三年の間、兄は唐津や李朝のものを研究し、弟はもっぱら長与《ながよ》三彩《さんさい》を造っていた。「長与三彩」というのは、十七世期頃から、長崎の長与村で造っていた唐《とう》三彩の模しである。彼は中国の原始的な窯を築いて焼いていたが、それは下から上の方へ火がまわるようになっており、下の方は一二五〇度ぐらいで、上へ行くにしたがい、次第に温度が落ちるようになっている。ある時、その窯の下の空いている部分に、伊万里の徳利を入れておくと、思いの外にうまく焼けた。順吉さんは狂喜した。彼はその頃、李朝や初期伊万里の、あのほのぼのとした情感に夢中になっていたからで、何のことはない、燃料の節約のためにしたことが、思わぬ成功をもたらし、ひいては贋物に化ける宿命を負っていたのである。

いくつか焼いて、悦に入っていた時、福岡の骨董屋が来て、買って行った。徳利が一つ、五千円だった。三つも売れれば、キャバレーへ行って、恋人のA子ちゃんに会える、——彼の念頭にはそれしかなかった。それは順吉さんが三十一歳の時で、求められるままにいくらでも造った。貧乏にはこりごりしていたし、職人にとって、作品が売れるほど有がたいことはない。圭外さんの話によると、彼は大そう女に持てた人で、いつも兄貴にはしてやられたと苦笑する。女だけではなく、たまたま古い呉須《ごす》を手に入れて、大切にしていると、いつの間にか持って行かれたり、新しい技法を工夫すると、きまって兄貴に盗まれた。不思議なことに、そんなひどい目に遭っても、にくむ気にはなれなかったが、それは女の人にしても同じことで、どんなに浮気をしようと、恨んでいたものは一人もいない。兄貴が死んだ時は、後を追って、自殺した愛人さえいる、「人徳というものでしょうか」と、圭外さんは感慨深げに述懐する。

人徳かどうか知らないが、贋物にひっかかっても、ちっとも「後味が悪くない」のは、私だって同じことである。たしかに彼の作品には、そういう変な魅力があった。これは生得のものに違いない。少なくともはじめの中《うち》は、贋物なんか造るつもりはなく、女に惚れこむように古伊万里に打ちこみ、理想の陶器を焼くことに専念したのではないか。想うに彼は生粋の職人で、ただ売れるだけが嬉しくて、売れて遊びに行くのが楽しくて、有頂天になっていたのであろう。彼が古伊万里に熱中したのは、三十一歳から三十四歳までの三年間で、ブームになったことを知らない筈はなかったが、売るのは商売人の勝手だし、断る理由もなかった。そのうちずるずると深みにはまりこみ、動きがつかなくなったのだと思う。さすがにマスコミが騒ぎだしてからは、制作を止め、残ったものは後世の害になるからといって、すべて封印をして縁の下に埋めてしまった。「もう永久に日の目を見ることはありませんよ」と、弟さんはいうが、古伊万里に心を残しつつ、その後は唐津を造っていたようである。

有田から西へ行ったところに、「清六の辻」というところがある。ここに「清六窯」という古い窯跡があり、順吉さんはそこで「不病名不眠」と書いた初期伊万里の茶碗を発見し、肌身はなさず大切にしていた。病名がわからなくて、眠れないという意味であろうか。ふつうは吉祥文字を書くならわしであるのに、不吉な言葉を記したのは、その陶工が病にかかって、苦しんでいたのかも知れない。この茶碗を所持してから、彼は身体が悪くなり、夢に茶碗が出て来てうなされるようになった。で、工房のかたわらに、五輪の塔を建てて、その茶碗を手厚く葬ったが、病気は一向によくはならなかった。

「不病名不眠」のまま、身体は次第におとろえて行ったが、何を思ったか、ある日、「鬼子《きし》嶽《だけ》」と呼ぶ山へ登った。そこは昔、この地方の豪族が焼打ちに遭って、一族郎党ことごとく死に絶えた場所で、登山する人は、必ず病にかかって死ぬと畏れられていた。それはもしかすると、一名国見嶽《くにみだけ》とも称する「西嶽《にしだけ》」のことではあるまいか。ここには天文年間に、同族の争いによって滅びた松浦氏の城跡がある。ともあれ順吉さんは、そこから帰ってすぐ病が重くなり、弟さんは、呪いがかかったのだと信じている。そう思ってみれば、彼は呪われた星のもとに生れた人間で、長くは生きられぬことを予感していたかも知れない。病名は上顎《じょうがく》癌で、「顔半分にぽっかり穴があいて、苦しんで死んだ」と、弟さんは書いているが（「潮」五十三年十二月号）、直接かかわりのあった福岡や京都の骨董屋さん達が、次から次へ死に絶えたのも、何か因縁譚めいている。

お墓は木原の「地蔵が平《ひら》」と呼ぶ窯跡にあった。木原は昔「くらわんか」を造っていた集落で、横石さんの本家がある。遠くの方に、椋《むく》の大木がそびえているところが「西窯」で、その向こうには「東窯」があり、今でも「くらわんか」の破片がたくさん出るという。徳川時代には、ここに「木原番所」があって、鍋島藩と平戸藩の境になっていた。登り窯を築くには、まことに適した西向きの岡で、「庵《いおり》の前」という窯跡の麓には、物原（陶器の屑を捨てる場所）があり、現在は畑に変っている。かつては庵室《あんしつ》かお寺があったらしく、苔むした石垣に、石仏が並んでいたりして、木立の中を登って行くと、横石一族の墓場がある。

順吉さんの墓は、そこから一段下った「地蔵が平」の、青々とした芝生の斜面に建っていた。うずくまっていた、というべきだろう。弟さんの話では、冷い墓石など建てるのが忍びなくて、未だにしるしばかりの石が積んであるにすぎないが、「くらわんか」を焼いた窯跡に、つつましく横たわるその墓は、なまじ芸が巧かったばかりに、「贋物づくり」の汚名を着せられて死んだ陶工の、孤独な心を語るようであった。

彼が亡くなったのは、昭和四十二年六月二日で、二、三日前に十三回忌が終ったところである。「そんな時にはるばる九州までたずねて下さったのも、何か御縁があるのでしょう」

と、圭外さんはいう。日は既に西の山にかたむき、遠くの森でほととぎすが啼いている。刻々と夕闇のせまる墓の前で、彼は問わず語りに故人の憶い出にふけった。

彼等が子供の頃、ここにはヒワの木が生えていた。この辺では、ふつうの枇杷、——つまり楕円形の実がなるのを「ビワ」といい、丸い実のなる原産のものを、「ヒワ」と呼ぶ。三つ年上の兄は、小学一年生であったが、実をとってやるからといって、そのヒワの木によじ登り、ハンケチをひろげて待っている弟の前に、真逆様に落ちた。それが原因で、肋膜をわずらったが、順吉さんは死ぬ一週間前にこういったそうである。

「もうオイの命は長うはなか。ないどん、焼きものば造り足らんじゃった。残念かあ。でくるならヒワの木から落ちたところに、火で焼かんで埋めてくれろ」

と。よほどショックが大きかったに違いないが、子供心にも、わが身にふりかかる不吉な影を感じとっていたのではなかろうか。そのヒワは、兄の死後、間もなく枯れてしまったが、当時の記念に植えたビワの木が、今はこがねの実をたわわにつけて繁っている。

二人が大人になってから、お芋をかこう穴を掘るために、ヒワの根元に鍬《くわ》を入れたところ、朝鮮人の死体が出て来た。むろん白骨と化していたが、胸には古伊万里の茶碗を一つ抱いており、横石家の祖先の遺体であることは明白であった。兄は晩年、唐津の研究をしていたが、釉薬《うわぐすり》の調合がわからないので、墓へ入ったら、先祖の朝鮮人に聞きたいと、くり返しいっていたという。「火で焼かんで埋めてくれろ」といったのもそのためで、同じく遺言により、自作の李朝の壺と、伊万里の徳利に酒を入れて埋葬した。誰が贋物をひねるために、それ程の執念を燃やすであろうか。横石順吉が、「贋物づくり」と呼ばれたのは結果にすぎず、彼は正真正銘の伊万里の陶工であった。彼が造った古伊万里の中には、あきらかに創作とおぼしきものがふくまれている。はじめの方に述べた「雪月花」や「いろは」の茶碗がそれであるが、ほかに辰砂《しんしゃ》や鉄砂を使ったものも数点ある。最初から贋物を造るつもりなら、古伊万里にあるまじき「創作」をして、危険を冒すことはなかったであろう。今、それらの行くえがわからないのは残念だ。

世上の噂によれば、順吉さんは唐津や李朝の方が、伊万里より一段と上手で、桃山時代の名品の中にも、いくつか交っていると聞いたことがある。それでよいではないか。彼以前にも、名工は沢山いたに違いなく、どれ程多くの後世のものが、古作の中に入っているか知れたものではない。そして、美しい新作の方が、古いじょぼたれ茶碗よりはるかにいいに決っている。断っておくが、私は贋物でもいいといっているのではない、贋物はあくまでも悪いのである。この頃は真贋についての論議がはやっていて、時には、本物と贋物の写真を、御丁寧に並べて見せたりする。が、骨董という煩悩の世界は、そんな単純な考えでわり切れるものではない。自ら手を汚したことのない門外漢が、単なるのぞき趣味を満足させているにすぎない。骨董ばかりでなく、本物のような顔をした贋者が、大手を振って世間に通用しているのは、そういう人種がふえたせいだろう。それに比べたら、A子ちゃんに会いたさに、贋物を造った順吉さんの方が、どんなに無邪気でまともな人間か。そう知っただけでも私は、九州くんだりまで訪ねていった甲斐があったと思っている。

青山二郎　余白の人生

青山二郎の解説を頼まれたが、彼は解説不可能な人間である。

たとえば美術品でも、言葉で説明できるようなものは買わないでよろしい。そういうものを彼は「鑑賞陶器」と呼んでいたが、ひと目見て美しいとわかるようなものは、写真で済ましておけば事は足りる。或いは博物館のガラス越しで眺めていればいい。一流のものと承知していても、わざわざ自分で持ってみる必要はないというのである。

では、どういうものが彼の心をとらえたかといえば、ぞっこん惚れこんで、自分の物にして、いっしょに暮して付合ってみなければわからないもの、外から眺めているだけでは心の底から納得できないもののみであった。

絵は上手だったから、黙って見たり、さわっているだけでは物足りなくて、自分の思いのたけを絵に描くこともあった。陶器に関するかぎり、どんな画家もかなわぬほどその形だけではなく、色彩とか触感とか、茶碗や盃の場合は、口ざわりのよさに至るまで、みごとに描写してみせた。

それだけではまだ足りなくて、その茶碗を手に入れた時の喜びを綿々と記すこともあった。これがまたラヴ・レターみたいに面白くて、——みたいじゃなくて、ラヴ・レター以上に熱烈なものなのだが、それはたとえば次のようなものであった。

——吾が手に帰した喜びは
より以上の物があるだらうと云ふ
予想を受付けない。
大満足とは天上天下に
己一人気をやる
ことである」
長い時が
ああでも無い
こうでも無いト

語らひ乍ら
総てをさばいて呉れる」
井戸が自分
になじむ
身受けした亭主は
茶を知らない」
古郷の山の上に
先祖の墓場がある
連れて帰つて墓守の
婆にせう」
　酒もいけない
　空腹もいけない
　眠不足もいけない
　人と話の種に
　するのもいけない

女房の留守に
そつと出して
可哀いがるべし
夢手離すナ

青山二郎は、一応世間では「装釘家」として通っている。今でも一冊の本になるほど彼の作品は多く、それだけで生活が成り立つくらいだったが、彼は装釘を重要視してはいなかった。いずれも陶器の絵に元があり、それらを巧くアレンジすることによって成功したのである。だが、重要視はしないといっても、人一倍凝り性であったから、その一つ一つに手がかっており、表紙だけでなく内部に至るまで工夫をこらした。小林秀雄、中原中也、河上徹太郎、三好達治の詩集などはほとんど彼の手になったもので、近代的な装釘の創始者と名付けても過言ではないと思う。

彼はまた陶器の「目利き」としても通っていた。目利きとは、ものの真贋、善悪を見分ける人のことをいうが、学者や骨董屋のような鑑定家とは違っていた。しいていうなら「美」の目利きとでもいえようか。単に真贋だけではなく、ゴマンとある美しい真物の中の真に美しいものを見分ける名人だった。別の言葉でいえば、それは知識ではなくて、訓練に訓練を重ねた末の眼の厳しさにある。そういうものは「万に一つもあるかないか」と彼はいっているが、先に述べた井戸の茶碗などはさしずめそのうちの一つだったに違いない。それさえ物を食べるように自分の精神の糧にしてしまえば、もはや無用のものとなる。だから彼は蒐集家にもなれなかった。

だいたい中国なら中国、朝鮮なら朝鮮のものばかり集める蒐集家を彼はみとめなかった。もし見る眼があれば、中国や朝鮮以外のもの、瀬戸や唐津にだって美しいものはいくらでもある。そういうものへ眼が行かないのは迷信であり、一種の精神病だと青山さんは決めつけていた。

世界的な鑑賞の側から見れば、日本の陶器、――志野も織部も信楽も瀬戸も田舎芸術で、しかも日本人の間でしか通用しないいげてものにすぎぬ。現代でこそ世間で認めるようになったが、当時は茶道にしか使えないものとして、国際的にはまったく価値のないものだった。そういうことに対して彼は何の偏見も持たなかったが、結局行きついた果ては茶道であり、陶器を見る眼を茶碗や徳利、盃のたぐいから学んだといっていい。

茶碗や徳利には朝鮮のものが多く、その方が珍重されているのも事実であるが、本国では飯茶碗や油壺などに使われ、彼らが見向きもしなかったものを日本人が発見したのは、既に日本のものだと思っていた。日本のものといって悪ければ、日本人の眼が発見した美であり、鑑賞することは「創作」であると彼は言い切っている。

「『道具茶』という言葉は偶像崇拝の意味だろうが、茶の根源的な観点は空虚にある様に思われる。真の意味で、道具の無い所に茶はあり得ないのである。一個の道具はその道具の表現する茶を語っている。数個の道具が寄って、それらの語る茶が連歌の様に響き合って、我々の眼に茶道が見えるのである。何一つ教わらないのに、陶器に依って自得するのが茶道である」

と彼はいう。何もお点前を習うのが茶道ではなく、彼がいっているように、それは自得するものなのだ。ろくな茶人がいないから、師匠を茶碗にえらんだというだけで、花器や茶入でもよかったであろうが、何といっても茶碗はお茶の中心的存在であり、茶を立てるのも、飲むのも、茶碗だから、それが一番身近に感じられたのである。

私もお茶のことは少しも知らないが、もしえらぶのなら茶碗を先にしたであろう。それを元にして、それに調和するもろもろの道具をえらんだに相違ない。近頃はやりのコオーディネイトという言葉が、もっとも愉しめるのは茶道の世界で、洋服なんか物の数ではない。それだけにむつかしくなるのも事実で、いい茶碗を持ってしまうと、それにふさわしい水指一つを見つけるのも容易なことではなくなる。そこにまた手軽に出会うことのできない愉しみもあるというもので、人間の慾にかぎりはないのである。

最近は万事レディメードの時代になって、茶事を催す時、茶碗からほかのこまごましたものまで一揃えで買えるそうである。そうして一度使った道具は二度と使わないから、次の機会にははじめのセットを下取りにして、二番目の少し上等なのを買わせる。茶道具屋の中には、そのようにして儲ける人もあると聞くが、そんなものはもはやお茶ではない。お茶にそなわっているたのしみがない。茶道の堕落は専門家だけのことではなく、茶人もこぞって参加しているわけだが、それは茶道だけにかぎるわけではないだろう。

いつまでもこんなことを並べたてているのでは、青山二郎の解説にはなるまい。むつかしいことははじめから解り切っていたが、むつかしいのは彼が何もしなかったからで、取りつく島がないのである。

装釘もやった。絵も描いた。文章も書いた。陶器についても語ったが、陶器をいかに愛したかということは解っても、その美しさを、どのようにして発見したか、それについては黙している。

「優れた画家が、美を描いた事はない。優れた詩人が、美を歌ったことはない。それは描くものではなく、歌い得るものでもない。美はそれを観たものの発見である。創作である」

この言葉は重要である。美とは本来ありもしないものなのだ。もしあるとすればそれを発見した個人の中にある。芸術家はたしかに美しいものを作ろうとするが、それは美しいものなのであって、美そのものではない。そんなことを頭の隅っこで考えながら仕事をしても、美しいものなんか出来っこない。一つのことに集中し、工夫をこらしていれば、よけいなことを考える暇はない筈である。ずい分下手な説明だが、何もかも忘れて一心に仕事に打込んでいる人なら、こんなことは自明のことで、人に語れるものではないだろう。

小林秀雄は『当麻』の中の世阿弥の「花」についてこういった。

「美しい花がある、花の美しさといふ様なものはない」

それと同じことなのである。

青山二郎は、その美しい花を求めて、一生を発見についやした美の放浪者であった。「俺は日本の文化を生きているのだ」と、いつもいっており、はじめは何のことかわからなかったが、結局それは「お茶の根元的な観点は空虚にある様に思われる」というその空虚さにあると、今では思っている。空虚だから、物も集まり、人も集まって、連歌や音楽のようにひびき合う。去って行けばまた何もない空間だけが残る、そういう舞台が茶室というものであり、青山二郎という人間ではなかったか。

　わびとかさびという言葉も、そこにわび、さびが現実に存在するわけではなく、人や物を受入れるのにもっとも適した場であるからで、実際にも彼の周辺には多くの人たちが集まっていた。戦争中の夏などは、伊東の家に、のべ百二十人も泊り客があって、骨董を売って酒に替えては飲んでいたという。人と付合うことが好きだったからで、骨董を見ることと、人と酒を飲んでたのしむことの間に何の区別もなかった。

　究極のところ、日本の文化は「付合い」が元となっており、キザな言いかたをすれば、愛がすべてであると信じていたのではなかろうか。愛とは自分を無にして、他と交り合うことであり、青山二郎が何もしなかったのは、一つのことにとらわれるのがいやだったからだろう。いやというより、できなかったのだ。したがって、装釘も絵画も文章も、日本の文化を生きるための余技だったに違いない。何もしない人に余技もないモンだが、もしそういって不都合なら、余白の人生を送った人間と名づけていいと思う。結局私にはそれだけしか今はいえないが、答えは本文の中にあると信じている。

友枝喜久夫　老木の花

友枝喜久夫という能の名手がいることを、私は前から聞いて知っていた。が、長い間見る機会がなくてすごした。一つには忙しいためもあったが、実は現代の能というものに幻滅を感じていたからである。

それには私なりの理由があった。一々名前はあげないけれども、大正から昭和の中頃へかけて、多くの名人が輩出した時期があり、まだ物心もつかぬうちに私はそういう人たちの芸にふれていた。いうまでもなく、舞台芸術は、一瞬のうちに消えてしまうはかない運命にあるが、美しい芸というものは生涯忘れることのできぬ力を持っている。むしろ、年月がたてばたつほど大きく美しく育って行くように思われる。思い出が美しいといわれるのは、それとともに自分自身も成長して行くからで、小林秀雄によると、向うの方がよけいな思いをさせないためだというが、それにしても原形がよくなければ、そんなことは起り得ないであろう。

ともあれ、私の能の時代は、名人たちの死とともに終ったとあきらめていた。

それと反比例するように、一方では能が盛んになって行き、外国でも度々公演するようになった。聞くところによれば、東京だけでも月に五十回を越える演能があり、近頃はやりの薪能は、全国で三百五十ヵ所も数えるに至ったという。もちろん古典芸術のことだから、見物の数は知れているとはいうものの、外国人や若い人たちの間に持て囃されているのは結構なことである。その中から将来どんな名人が生れるかも知れず、私などがとやかくいうことはないのだが、はやるということには雑駁になりがちな欠点もあり、ことに能のように極度の集中を必要とするものは芸が安易に流れる恐れがある。私が幻滅を感じていたのは正にそのことなので、これは能の世界だけではなく、現代の芸術一般に共通する現象といえよう。

長い間お能から遠ざかっていた私が、なぜ友枝喜久夫を見る気になったのか、これはもう不思議な縁としか言いようがない。

それは「江口」の能であった。

諸国をめぐっている僧（ワキ）が、ある日大坂の天王寺をおとずれる。昔は京都から淀川を舟で下ったので、男山から鵜殿《うどの》をすぎて、江口の里へ着く。江口は平安時代に栄えた歓楽境で、西行と江口の遊女の間に交された有名な贈答歌がある。

天王寺へまゐりけるに、雨の降りければ、江口と申す所に宿を借りけるに、貸さざりければ、

世の中をいとふまでこそかたからめ　仮りの宿りを惜しむ君かな

返し

家を出づる人とし聞けば仮りの宿に　心とむなと思ふばかりぞ

西行が天王寺へお参りしたところ、雨が降ってきたので、江口の里で宿を借りようとしたが、断わられたので、という詞書のもとに左のように詠んだ。

——遊女にとっては、この世を仮りの住家と観じて、出家することは難いであろうが、わずか一夜の宿を惜しむ君であるよ、と婉曲になじったのに対して、出家した方であると聞きますれば、なおさら仮りの宿に心をおとめになることはないと思いまして、……と女は即座に応えたのである。

この贈答歌は、新古今集にも、西行の山家集にも、その他さまざまの物語にとり入れられており、一応美談の形をなしているが、ところは江口の遊里であり、相手は美しい遊女であるから、どことなく相聞歌《そうもんか》（恋の歌）の匂いが感じられなくもない。西行物語では、遊女は一旦宿を断わったあとで、笑いながら西行を内へ招じ入れたと書いてあるが、その真偽はさておき、当時の人々は、そこまで深読みしなくては承知しなかったであろう。

旅の僧も例外ではなく、江口と聞いたとたんに遊女の上に想いを馳せた。里人（狂言の役）に訊いてみると、あちらの方に見えているのが江口の君の旧跡であるという。そこで昔を偲びつつ西行の歌をくちずさんでいると、遠くの方から美しい女が呼びとめる。

「忘れたままで年月を経ていましたのに、草葉の蔭から今のお言葉を聞いて、また憶い出してしまいました。仮りの宿りを惜しむといわれましたが、ほんとうはそれほど惜しみはしなかったことを、申しあげたいために参ったのです」

あきらかにそれは江口の君の幽霊であった。自分の返歌を後世の人々が誤解しているので、その恥かしさと口惜しさを釈明するために現れたのだという。

その誤解とは、自分は一時の機転で西行をやっつけたわけではなく、このような遊興の巷に、世捨人を泊めたくなかったからで、西行の身の上を思ったのが本心であった。そこへはからずも今日あなたがおいでになった。よく私の心の内を汲んで、返歌の真意を後世に伝えて下されよと、いうかと思うと淀川の夕霧の中に、かすかな声だけ残して消え失せてしまう。

お能はふつう二段にわかれているが、ここまでを前シテといい、後シテとの間に「間《あい》狂言」というのが入る。先に江口の旧跡を教えた狂言の役が、僧に向って、西行と遊女のいきさつをくわしく語った後、あなたはゆくりなくも遊女の亡霊と出会い、不思議な体験をされたのだから、今夜はここにいて亡き跡を弔われるのがよろしかろう、といって退場する。「狂言廻し」という言葉は、そういうところから出たのであろう。シテが装束を替える間、不自然でなく話を進行させる役目と、今と昔をつなぐ時間と空間の仲介者でもある。

間狂言の言葉も終らぬうちに、舞台には月光がかがやき、淀川のおもてには、遊女の歌声が流れて来る。

「よしや吉野の、よしや吉野の、花も雪も雲も波もあはれ世に逢はばや……」

舟には三人の遊女が乗っており、その美しさに陶然となった僧が、さては古えの江口の君の幽霊か、と問うと、「ごらんなさいまし、月は昔と同じようにかがやいているではありませんか。私たちもこのとおり現実の姿をあらわしましたのに、昔の人とはお情けない……」

などというやりとりがあった後、遊女は自分の経て来た悲しい運命について物語る。

この部分、仏教の言葉が多くてわかりにくいが、わかりにくいところは、聞き流していいのである。大体の意味は、美しい春の花、錦をかざる秋の林も、朝の霜に逢えば一瞬にして消え失せる。それと同じように、花鳥風月を愛でて訪れる遊客も、ひとたび去れば帰って来ることもなく、睦言《むつごと》を交した恋人さえいつの間にかは忘れてしまう。およそ心なき草木も、情ある人の心も、この哀れな現実を逃れるすべはない。そうと思い知りながら、また懲りもせず人間は、恋をささやき、偽りの言葉を吐く。それらはすべて人の心の迷いから生じた妄言にすぎないので、信ずることはできないのである、と。

ここで謡は転調して、「おもしろや」となり、「序の舞」に移る。序の舞は、鬘《かずら》もの（女の能）だけにあるテムポのゆったりした音楽で、囃子の伴奏につれて舞うが、もともと好い気持の舞だから、眠たくなる人は寝たらいいのである。

では、何が「おもしろや」かといえば、序の舞が終ったところで、シテの遊女も、ワキの僧も、そして見物も、目が醒めるからだ。例によって、難解な仏教用語は省くとして、そもそも人間の迷いというものはどこから来るのか。それは変幻きわまりない現実世界に執着するからで、どこにも心を止めなければ、――別言すれば、真に自由な心境に達するならば、浮世もなく、人も慕わず、待つ宵もなく、悲しい別れ路も一陣の風とともに吹きとばされ、花も紅葉も月も雪もナンテことともない。すべては仮りの姿、仮りの宿なのだ。「仮りの宿に心とむな」とさとしたのはこのわたくしであるから、本心を語ってしまえばもうここにいる必要はない、では帰りますぞ、といったかと思うと、忽然と普賢菩薩に変身し、舟は白象《びゃくぞう》と化して、光りかがやく雲に乗って昇天する。

能が象徴的な芸術とされる所以は、一介の遊女が菩薩に変身して行く過程を、シテの姿の上に表現してみせるからで、仏教の思想や幽玄の理論なんかにとらわれる必要はまったくない。遊女が至った境地は、たしかに仏教の悟りに出ているが、悟りを得たのは彼女自身の切実な体験によるもので、仏教の教えを「勉強」したわけではないのである。

先に私は能は前後二段にわかれているといったが、実は三段で、ふつうの遊女が大悟して、普賢菩薩に昇華されるところで完結する。これは序・破・急の法則に則っているからだが、そんな面倒なことは一々知らなくてもよい。ただ、能を動かしている曰く言いがたいリズム感と、それがもたらす陶酔境を、たとえ一瞬でも共感することができれば事は足りるのである。

「江口」の能は知りつくしているつもりでいたし、前シテは比較的短いので、軽い気持でシテが幕から現れるのを私は眺めていた。

ワキの僧は今江口の宿の旧跡に立って、心ない遊女の仕打ちに西行が詠んだ歌を思い出しているところである。その間に静かに幕があき、遠くの方からシテが呼びかける。

「のうのう今の歌をば何と思ひ寄りて詠じ給ふぞ」

私は思わずぞっとした。こんな謡は今まで聞いたことがない。何と形容したらいいのだろうか。たとえば水晶の玉のように透明で、澄み切った音声、などといってみたところで説明したことにはなるまい。謡といえばうなるもの、と相場は大体きまっているが、友枝喜久夫の声は、軽くまろやかでいささかも停滞するところがない。それは人間の肉声ではなくて、他界からひびいてくる精霊のささやきのように聞えるのであった。

橋掛りを歩いてくる間に、ワキと問答を交すが、特に美声というわけでもないのに、実によく透る。一字一字の発音がきれいなため、はっきり聞えることがわかったが、そういう初歩的な訓練が等閑に付されているのが現代の能の風潮である。謡本のテキストにオンブしているから、発音なんか気にしなくてもわかるのが当然、というわけだ。長年そういう謡に馴れていた私にとって、これは新しい発見であった。「初心忘るべからず」——ふと私は世阿弥の言葉を想った。

先日渡辺保氏が、友枝喜久夫のことを新聞に書いていられた。はからずも「江口」の仕舞についてで、仕舞というのは能の中の舞の部分をいい、装束はつけない。

「仕舞はその姿勢――構えが大事である。ところが友枝喜久夫の構えは、一見構えともいえないような無雑作なものである。右手に持った扇がダラリと下がっている。この無雑作な扇が、しかし身体全体に不思議な色気を漂わせるから不思議である。無雑作に見えても技術をこえなければ持てる扇ではない。技術によって技術にとらわれず。すなわちそこに自由な心境がある」

橋掛りから舞台へ入るまでの動きは仕舞ではないが、無雑作な点では同じであった。扇もあるかなきかの風情に軽く握っていたし、左手は袖口をつまんでいる筈なのに、ちゃんと持ってはいない。

後シテが舟から下りるところでも、渡辺さんが言わんとした趣きはわかる。ここでも左手は遊んでいて、右手は辛うじて扇をささえているにすぎない。扇ばかりではない、ゆったりとまとった装束にも、一種放心的な面の表情にも、舟を下りようとしてわずかにあげた片足に至るまで、こぼれるような色気がただよい、時代を超えた若々しさが感じられる。このことは友枝さんの音声に私が感じたのと同じもので、幽玄なんて言葉では表現しきれぬものがあった。それは何かもっと新鮮な感動であり、世阿弥の時代からずっとつづいたものであるに拘らず、現代人が忘れていた柔軟な魅力といえようか。

舟から下りた遊女は、ワキに向って、自分の経てきた人生についてめんめんと物語る。ここからが「仕舞」の部分で、春の花、秋の紅葉になぞらえて、人間の情愛の移ろう姿を描いて行く。能の型は単純で、同じようなことをくり返すが、一つとして同じものはなく、謡の情趣を身体全体で表わして行く。

「紅花《こうか》の春の朝《あした》、紅錦繍《こうきんしゅう》の山粧《よそお》ひをなすと見えしも、夕べの風に誘はれ」云々と、舞は静かにはじまるが、身心ともに遊女になり切ったシテの姿は、いよいよ美しく、なまめいて、「又或時は、声を聞き愛執《あいしゅう》の心いと深き……」で、軽く踏んだ足拍子は絶品であった。殆んど見物にはそれと知らせぬほど控えめに踏むのだが、たった一つの足拍子にえもいえぬ余韻があり、切々とした愛執の深さを見る人に訴える。

だいたい能の足拍子は、ここをしっかり聞かせたいという要所要所で踏むのであるが、どんなに複雑な拍子でも、間《ま》をとること自体はさして難しい技ではない。難しいのは、その時々の情趣を足拍子によって表現することで、特に一つだけの場合は重要である。それは百千の言葉より多くのことを物語るからだ。

日本の舞台芸術で間が大切なことは誰でも知っているが、間は一ヵ所に限定されるものではない。その幅は意外に広く、無限に存在するといっても過言ではないと思う。友枝さんの足拍子に耳を澄ましていると、そういうことを感じる。今あげた例によると、「又或時は、声を聞き」のこに当るが、正直に間違いなく踏んだからといって、面白くもおかしくもない。間に合っていて、しかもほんのちょっとずれていなければ、「愛執の心」の哀れと余情を味わうことは不可能であろう。

「技術によって技術にとらわれず。すなわちそこに自由な心境がある」と、渡辺さんがいったのはそのことなので、友枝喜久夫の一見無雑作なかたちにも、この世のものならぬ音声にも、一脈通ずるものがある。

筆の勢で思わずこまかい技術的なことに及んでしまったが、そんなところまで息をつめて見ることはないのである。あくまでも「たとえば」の話で、能は徹頭徹尾そういうことの連続であるから、馴れれば自然に気がつくようになる。そして、シテの心情に共感すればする程面白くなることは必定で、手本は目の前の友枝喜久夫の姿にある。リズムにある。何もかも忘れて、舞台の動きに眼を凝らしていさえすれば、能はけっして過去のものではなく、私たちの人生に直結していることに気がつくであろう。

そういう意味で、能はどんなささやかな部分をとっても、そこが中心であり、「見どころ」といえるのであるが、遊女が菩薩に変身する場面は、一曲のクライマックスであることはいうまでもない。すべてはそこへ見物を誘って行くための細心にして執拗な手練手管であったとみても言いすぎではないと思う。

「これまでなりや帰るとて、則ち普賢菩薩と現れ舟は白象となりつつ、光とともに白妙の白雲にうち乗りて」、シテは最後に天上へ帰って行くのであるが、ふつうは正面先の方へ出て、「ユウケン」という型をする。これは満足感とか、晴れやかな気分を表わす動作で、扇を胸に当てて上の方へ大きく開いて行く。先代梅若万三郎や野口兼資《かねすけ》という名人は、ここで見事に菩薩に変身してみせたが、友枝喜久夫が何をしたかといえば、殆んど何もしなかったといっていい。正面へ進み出ることもせず、例の無雑作な態度で、ワキへちょっと会釈をした後、左右の手で構えるともなしに構えて、花が音もなく開くように菩薩に成った。それはおのずから成ったとしか言いようのない自然な姿で、それまでの遊女とははっきり次元の異なる存在と化したのである。

友枝さんが何を思っていたか私は知らない。どういうことをやったのか、それもわからない。「秘すれば花なり」と世阿弥はいったが、それはおそらく自分自身にも秘められていた花なので、本人に訊いても答えられなかったであろう。

立派だということをいうなら、昔の名人たちの方が、はるかに大きく、豊かで、頭が下がる思いがしたことは事実である。だが、友枝さんの菩薩は、今生れたばかりの初々しさで、およそ人工的な演技らしいものは何一つ認められない。巧くいうことはできないが、そこのところが違うといえば昔の名人たちとは一線を画しており、私にとってははじめての経験であった。

この年になって（私は来年八十になる）、こんな美しいものに出会えるとは夢にも思わなかった。気がついてみると、すぐ前の席で、若いお嬢さんが涙をこぼしている。それは原宿あたりを歩いていても不思議ではないような女の子で、ジーパンをはいている青年や、きちんとネクタイをした会社員風の男性も、ハンカチでごまかしている人たちは多かった。「江口」

には悲劇的なものは一つもない。にも拘らず、およそ能とは縁のなさそうなこういう人たちに感動を与えるとは、いったいどういうことなのだろう。古典芸術の魅力とか、日本文化の特殊性に帰すことは易しい。だが、それだけでは済まされぬものが友枝喜久夫にはある。そのことが知りたいと思って書きはじめたのだが、今のところ私にもまだよく解ってはいない。

茶道や華道や書道と同じく、能の世界も排他的なところである。百万人か或いはそれ以上の人口をもつ茶道その他を、排他的というのはおかしいが、わが流儀のみ尊しとするところは、新興宗教に似ている。能の見物もいわば一種の共同体であり、師事している先生たちの能しか見ない。したがって、見物人はお互いによく見知っており、能楽堂では知らない顔を見つけることの方がむつかしい。

しかるに友枝さんの場合はまったく違う。友枝さんは喜多流に属しているので、喜多流の人たちが多いのは当然だが、それにしてもほかの能楽堂とは雰囲気がまるで違うのである。はじめて行った時、——つまり「江口」を見た時、私は一人だったので、ゆっくり見物を見物することができた。どこが違うかといえば、全体の雰囲気が能より音楽会か展覧会に似ていることだった。

喫茶室で聞えてくる会話には、「友枝さんを見に今日アメリカからやって来た」という外国人もいたし、「江口を見るために飛行機をのばして、夜パリへ帰ることにした」と、たのしそうに話している女性もいた。九州からはるばる出て来た人も、大阪から日帰りで駆けつけたという人も、絵描きも舞踊家も音楽家も俳優も陶芸家も、骨董屋まででいるようだった。総体的にいって若い人たちが目立ったが、一つには喜多流が昔から学生の間に熱心にPRしてきたことの現れかも知れない。

しわぶき一つ聞えない見物席の空気も、ほかの能楽堂とは違っていた。間狂言の間でも、席を立つ人はいない。みな友枝喜久夫を見ようと集中していることは一目瞭然であった。

帰りがけに写真家の吉越立雄さんに会った。友枝さんの能を見ることを勧めたのは彼で、寡黙な人なので目くばせだけで挨拶をしたが、その目は「それ見たことか」といっているようだった。私は一言もなかったが、帰宅した後も「江口」の美しさは忘れられず、夢現つの中で何日もすごした。能には妙に人に取り憑いて離れないものがあり、若い人たちが、ジャズやロックに熱中して、時には卒倒までする気持が私にはよく解るのである。こんなことをいうと叱られるかもしれないが、そういうものと能の間に、本質的には何の違いもありはしない。ただ、一時的な快楽を与えて過ぎ去って行くものと、血の出るような訓練をして、技術を超越したところに現れる不滅の美は、その強烈なことにおいて変りはなく、たまたま会えるか会えないか、見物の心ひとつにある。テレビの普及は私たちを怠け者にしてしまい、受動的にしかものが見られなくなっている。解らないとか難しいというのも現代のマスコミが作り出した概念にすぎず、そんなことをいい出したら、絵や彫刻だって能以上に解らないし、難しいのである。

能を難解なものにしたのはインテリが悪いので、世にもありがたい「芸術」に祭りあげ、専門家がそれに乗っかって、一種の権威主義を造りあげたのだ。友枝さんにはそれがない。ひたすら己れを虚しうして稽古に打込んでいる間に、江口の遊女のように忽然と生れ変ったのであろう。そこまで達すればもはや芸というより魂の問題で、何の経験もない若者や外国人にも共感できるものがある。ただし、相手は存在するだけで充足しているのだから、こちらから積極的に出向いて会う以外になく、ほんとうにものを見るとは、そういうことではないかと私は思っている。

「杜若《かきつばた》」は、伊勢物語の「からころもきつつなれにしつましあればはるばる来ぬるたびをしぞ思ふ」の歌に題材を得ており、シテは杜若の精である。後シテで、在原業平の形見の冠(かむり)・唐衣(からころも)を身につけて舞う。ということは、絶世の美男で聞えた業平の霊が、濃紫《こむらさき》の花に象徴されているともいえるし、もしくは杜若にのりうつったと見てもいいので、もともと分析不可能なのが能のシテの面白さなのである。

これは最後の方で、「蟬の唐衣《からころも》の、袖白妙の卯の花の雪の、夜も白々と」明けそめる場面であるが、歌舞伎の女形に例をひくまでもなく、男が女に扮装することによって、はじめて表現される美しさであり、なまめかしさではなかろうか。

その女がまた男の姿になって（業平の装束を着て）、男女がからみ合いながら成仏するという二重三重の工夫が凝らされている。いかにも無心で可愛いらしく、十六、七の乙女にしか見えないところに友枝喜久夫の「花」がある。自然に咲いた花も花であることに変りはないが、これは長年の修練のはてに開いた名花であり、さればこそ世阿弥は、「物数をつくし、工夫を究めて後、花の失せぬところを知るべし」といったのであろう。

そんなわけで、友枝さんは、鬘もの（女の能）に限ると私は勝手にきめこんでいた。能は年に三、四度しか演じないので、次の機会を待っていると、今度は「実盛」を舞うという。周知のとおり斎藤別当実盛は、平家の侍で、老齢のため敵に侮られるのを嫌って、白髪を黒く染め、総大将の宗盛から、赤地の錦の直垂《ひたたれ》を賜わり、若武者のいでたちで出陣する。

前シテは老人、実は実盛の亡霊で、後シテで実盛のまことの姿を現す。特別はでな格好もせず、白髪も染めていないが、老武者がけなげに戦って討死する場面と、池水で首を洗って白髪に返り、実盛と見破られるところが中心になっている。

武将の能を「修羅物」と名づけるが、「江口」や「杜若」のイメージとは正反対の曲なので、私はそれほど期待してはいなかった。ただ、鬘ものと修羅物ではどんなに違うか、そこに興味を抱いていたにすぎない。詳細は平家物語にあるが、能の演出では、先に首を洗う場面があって、最後に戦って討死をする。それをシテが一人で演じるのだから、時間的に矛盾しているように聞えるが、それで少しも不自然に見えないのは、極めて巧妙な演出ではないかと思っている。

前置きはこのくらいにして、先ず首を洗って木曾義仲の見参《けんざん》に入れ、実盛とわかって一同が感涙にむせぶところで私は驚いてしまった。実にリアリスティックなのだ。ここでは扇で水を汲んで（首に）かけた後、その扇に（首を）のせて見参に入れる型をするだけだが、老武者の覚悟と真情が身体全体にみなぎり、「げに名を惜しむ弓取《ゆみとり》は誰もかくこそあるべけれや」と、面をつきぬけて迫って来るようであった。

それから後は息もつかせぬ面白さで、手塚の太郎光盛と組んずほぐれつ渡り合い、手塚の首を掻き切って捨てるところまで、何をどのようにやったのか、目で追う暇もなく、その気魄の凄まじさに圧倒されてしまう。老武者にとっては、だがそこまでが限度で、押寄せて来た雑兵と戦う力も失せはてて討たれる。張りつめていた気力が、フッと抜ける時の変化も見事なもので、そのまま「篠原《しのはら》の土となって、影も形も亡き跡の」舞台の上に、実盛の霊魂はいつまでも浮游しているように見えた。

友枝さんは今年八十一歳になると聞くが、その迫力には只ならぬものがある。ことに合戦の場面での身軽な動作と力強さには、他の追従を許さぬものがあり、私が今まで見たどの「実盛」より実盛らしかった。平家物語なんか知らなくても、老武者の心意気は誰にでも通じたに違いない。といって、けっして解りやすく演じたわけではない。あくまでも内に力を秘めて、精神的な深さを保ちながら、鎌倉武士の名誉と気概を貫いてみせたのだ。江口や杜若の初々しい色香を支えていたのは、心身ともに充実し切ったこの緊張感にある。この気魄にある。私は自分の不明を心の底から恥じた。

昔、私の骨董の先生であった青山二郎さんは、こういった。——「六十の手習い」ということがあるが、それは六十になって新しいことを始める意味ではない。今まで一生つづけて来たものを、改めて最初から出直すことをいうのだ、と。

六十の手習いにしては、ちと薹《とう》が立ちすぎているが、一般的に寿命がのびたからそれは許されるであろう。私にとって、友枝さんの能は、正にそういうものだった。生れてはじめて見るもののように、わくわくした。六十の手習いの難しさは（或いは気難しさといってもいいが）、そういうはっきりした手応えのあることで、だからはじめて能を見る人たちと同じように愉しむことができるのかも知れない。茶臭というものがあるなら、能臭というものもあっていい筈で、そういうものに毒されていない人々は、友枝喜久夫の世界にすっと入って行ける。中でも去年見た「弱法師《よろぼし》」は見事であった。くわしいことは新聞に書いたので省くが、「弱法師」は盲目の少年の能で、友枝さんも実は殆んど目が見えないのである。

実生活と舞台とは別物で、生まの経験がそのまま芸に活かせると思うのは間違いである。主人公が盲目であろうとなかろうと、友枝さんが不自由を感じているのは当然のことで、たとえば橋掛りから舞台へ入る時とか、ワキとのやりとりなどにも、ふつうの人より気を使っているのは断わるまでもない。たまには後見の助けを必要とする場合もあるが。……ここでちょっと後見のことにふれておくと、後見は芝居における黒子のことで、影の存在だから、目立ってはいけないのである。後見のよしあしによって、友枝さんの芸が左右される時もなきにしも非ずだが、それはその場かぎりのことで、すぐ忘れてしまう。が、やはり上手な人に越したことはないのであって、後見の上手とは、シテの心を知りつくした上で、立居振舞の目立たぬ人、という意味である。

再び「弱法師」に戻るが、いくら名人でも友枝さんだって人間である。盲目のシテを演ずることには心穏かならぬものがあったらしい。目が見えていたらもっと自由に舞える、ああもできる、こうもしようと、前もって思っていたことが実現できないのは、当人にとってはどんなに辛いことか。そのいらだたしさが、舞台の上では心の昂りに変じ、「思わず気が入りすぎて、我を忘れかねないことになった」と嘆かれる。我を忘れるというのは、専門家にとっては許せないことで、それは二重の悲しみであったに相違ない。

ところが、舞台の上では逆だった。今、私は実生活と芸は別物だといったが、生ま身の体験が、型の抵抗に出会った時、その二つの間で凝縮された感情は、ぎりぎりのところで世にも美しい表現に炸裂した。私は今まで多くの名演技に接しているが、あんなに可憐で、哀れな弱法師は見たことがない。友枝さんには言いにくいことだが、視力を失ったために得たものは大きいのではあるまいか。

その後に見た「蟬丸」でも、私は同じようなことを感じた。「蟬丸」は逢坂山に捨てられた盲目の皇子と、狂人の姉宮がはからずも出会うという物語で、弟が蟬丸（ツレ）、姉が逆《さか》髪《がみ》（シテ）である。やはり平家物語に原典があるが、逆髪は、逢坂山の「坂の神」をもじった名前で、能では頭の毛が逆立っている狂乱の姿で登場する。この種の能を「ものぐるひ」と呼ぶが、ほんとうの精神異常者ではなく、何かに触発されて狂うのだから、ノイローゼかヒステリーのたぐいである。室町時代にはそういう人種がざらにいたらしく、中には巫女や神がかりのような職業的な物狂いもおり、女が旅をする時は、狂人をよそおった方が安全なので贋の物狂いもいたようで、そういう市井の風俗が能の中には数多くとり入れられている。

京都から逢坂山へ行く途中の「道行《みちゆき》」の部分で、シテは白地に銀の箔をおいた装束に、黄の大口（袴）をつけ、皇女の気品を保ちつつ、いつものように可憐であった。

やがて、「走り井」の水に自分の姿を映したとたん狂気となり、逆さに生えた髪を苛立たしげに掻き上げ、手に持った笹で面を打ち、深々と走り井を見込んだ時の凄婉さには息を吞んだ。こう書いてしまうと勢を失うが、この一連の動作は目にも止まらぬ早さで行なわれ、完全に見物をさらってしまった。

ふつう「蟬丸」は、こんなかたちにはならない。全体にもっと綺麗事で、「髪はおどろを戴き」でも、笹で頭《かしら》を指すだけで、掻きむしったりはしない。まして邪険に面を打ったりすることはないのである。

世阿弥の至花道書に、「闌位事《らんいのこと》」という一段がある。「たけたる位」とも訓み、みだり、たけなわ、やりかけ、まばら、などの意味があり、いずれも不完全なことを現している。原文は解りにくいので、大意だけ記しておく。

――芸の奥儀を極めたシテが、ときどき異風（変ったかたち）を見せることがあるが、面白いと思って、初心者が安易に模倣してはならない。そもそも「たけたる位」というのは、若年から老年に至るまで、あらゆる稽古をしつくした人間が、稀に演じる非風（悪いかたち）なのである。上手な人は、善いところばかりで、完全無欠な芸だけでは、見物にとって珍しくない。そこへ非風を少しまぜれば、面白く見えるのであって、非風が却って是風（正しいかたち）となる。それを未熟なものが真似ると、もともとしてはいけないことをするのだから、まずい上にまずいことを重ねる結果となり、「焔に薪をそへるが如し」。たくるというのは技ではない。名人上手が鍛練工夫をしたあげくに到達した「心位」なのである。――

友枝喜久夫の芸は、現代でいえば、まさしく「たけたる位」に相当しているといえよう。といっても、本人が意識して行っているわけではなく、目が見えぬ悲しさといらだちが、「我を忘れる」結果となり、「我を忘れた」時に、思いもかけぬ美しさが火花となって散るのである。友枝さんの芸が能には珍しくドラマティックであるのは、訓練を重ねた技術の向こう側に赤裸々な人間性が現れるからで、そのために、姿勢が崩れる恐れはいささかもない。今、ドラマティックと私がいったのは、芝居がかっているという意味ではなく、矯めに矯めた感情が、能の型や約束を打ち破って現れる時、強烈な感動を与えるのだ。それは誰にでも理解できる美しさで、――美しさというより、魂をゆさぶる衝撃といえようか。今時そんなものに出会うことは稀にしかない。テレビの前で寝そべっていてはダメなので、こちらから出かけて行ってつかみとらねばならない。

世の中にこれほど愉しく、かつ深遠な悦びを与えるものがあるだろうか。私が友枝さんの能を見るのは、一にそういう精神的なショックをうけたいためで、大げさにいえばこちらも斎戒沐浴して、身心をととのえておく必要がある。

ここまで書いて来て気がつくのは、右に述べたような至芸は、別に能に限ったわけではない。日本の文化が究極のところで求めていたのは、世阿弥のいう「たけたる心位」に達することではなかったか。

たとえば茶道の始祖であった村田珠光は、「たけくらむ」(闌け暗む)という語を用いており、初心のものが備前や信楽のわびた焼きものを賞玩するのは、「人もゆるさぬたけくらむ事、言語道断也。かるゝと云事は、よき道具をもち、其あぢわひをよくしりて、心の下地によりてたけくらみて、後までひへやせてこそ面白くあるべき也」といっているし、利休がはじめて一畳半の小さな茶室を造ったことについて、弟子の宗二は、「宗易（利休）ハ名人ナレバ、山ヲ谷、西ヲ東ト、茶湯ノ法ヲ破リ、自由セラレテモ面白シ」といい、それぞれ表現は違うけれども、規則を破った自由な境地にほんとうの面白さがあると説いている。

芭蕉が最後に到達した「軽み」についても、去来が書き残した書簡によると、「翁（芭蕉）曰、当時ノ俳諧ハ梨子地ノ器ニ高蒔絵シタルガゴトシ、美ツクシ善ツクストイヘドモ漸ク飽レ之。我門人ノ句ハ桐ノ器ヲカキ合セニヌリタランガゴトク、ザングリトアラビテ作スベシ」と記し、備前や信楽の焼きものに共通する自然の荒々しさ、無関心さに最高のものを見出していた。

芭蕉が西行を敬愛していたのも、王朝のみやびを捨てて俗語を使い、日常の悩みや苦しみを構わず歌に詠んではばからなかった、そういう生きかたに共感したのではなかろうか。その西行も晩年には、歌の姿に「軽き趣のすぢ」を重要視した人物で、芭蕉の「軽み」もおそらくそこに原典があったのではないかと想われる。

してみると、わび、さび、冷え、枯れ、などという言葉も、一種の逆説なのであって、文字どおりに受けとってはなるまい。美をつくし、善をつくした高蒔絵の如きは、一見完璧なもののように見えるが、既につくすという言葉の中に、あとにはもう何もないことを示しており、それに反して極度に縮小された茶室とか、荒びた器や焼きものには、何物にも拘束されない自由な天地と、すべてのものを生み出すいのちが秘められていることを語っている。

一方に、室町時代の中国伝来の茶器や、秀吉が造った黄金の茶室といったような、豪華絢爛な趣味が存在したために、このような思想が生れたのであろうが、その時はじめて日本人は日本人の美意識に目ざめたということもできよう。別言すれば、珠光も、利休も、芭蕉も、あえていうなら世阿弥も、善をつくしたものに飽き、そこに限度を見出して、自分自身の行くべき道を発見したのである。

「この道や行人なしに秋の暮」と吟じた芭蕉は孤独であったが、それは名人が負わなければならない宿命であり、この句にはどこかそういう嘆息とともに、矜持《きょうじ》みたいなものが感じられなくもない。「軽み」という言葉は、現代では誤解されているようだが、西行や芭蕉の軽みと、『サラダ記念日』の軽さは違うのである。同様に、わび、さび、などという言葉も、一般には短絡的に解釈されており、文字どおりに受けとると間違う。それは「よき道具をもち、其あぢわひをよくしりて」後に発見することができるもので、「人もゆるさぬたけくらむ事、言語道断也」という珠光の言は、何よりもよくそのことを証している。

私がなぜこの本に『老木の花』という題名を与えたか、読者は既に推察して下さったと信じている。それは私の造語でなく、世阿弥が父親の観阿弥を評した言葉に、——年をとってからは、舞台の花はすべて初心者にゆずり、自分自身は控えめに、はでなことは一切しないでいたが、それにも拘わらず「花はいやましに見えし也。これまことの花なるが故に、能も枝葉もすくなく老木になるまで花は散らで残りしなり」(花伝書)によったものである。

そのほかにも、「老木に花の咲かんがごとし」という形容を世阿弥は度々用いており、老人になってからの芸がいかに大切か、人生の最後に咲いた花こそ、「まことの花」であるとくり返し説いている。先にも述べたようにそれは日本の文化一般に通ずる思想であって、西洋の芸術が若さと力の表徴であるなら、これは人生の経験を積んだ後に到達することのできる幸福な境地と呼べよう。私はどちらがいいなどといっているのではない。ただ年をとるということは、ある意味では生涯で一番たのしい時期ではないかとひそかに思っているにすぎない。というのは、若い時には知らずにすごしたさまざまなものが見えて来るからだ。友枝さんの心の眼にも、必ずそういうものは映っているに違いない。せめてそういうことの一端でも記すことによって、友枝さんの美しい芸に報いたいと私は思っている。

日本のもの・日本のかたち

一期一会

二、三日前から軽井沢に来ている。

私の部屋からは、白樺の梢を通して浅間山が望まれ、ほととぎすと郭公が少しうるさい程啼いている。空気は冷たく、心地よい。が、私は未だ何を書くのか考えてみもしない。風が吹く度に、白樺の葉裏がひるがえるのを眺めながら、その微妙な光と影の中から、何かが自然に生れて来るのを待っているといった状態だ。私はこういう瞬間が好きである。大事にしたいと思う。文章は、一旦筆をおろしたらもう取返しはつかぬ。いくら書き直したところで、悪くなってもよくなることは先ずない。そういうことを私は、まずしいながら長年の経験で知っている。文は人なり、というが、自分で自分の書くものがどうにもならないとはおそろしいことである。

それにつけて思い出すのは、私の友人、というより先生みたいな人に、非常に鑑識眼の鋭い人間がいた。彼は今でも健在だが、もう書くことは止めてしまった。彼の眼に、文章がついて行けなかったのである。家へ行くと、よく部屋一杯にびっしり書いた原稿用紙を並べていた。そうして上から、鳥瞰図的《ちょうかんずてき》に見渡し、一頁と五頁を結びつけたり、三頁と十頁をつぎ合したりして、何回でも書き直す。その度に消しが多くなるので、枚数は十分の一ぐらいに減った。そういう風にして出来上った原稿は、完璧といえば完璧かも知れないが、息がつまるような文章で、ふだん話を聞いている私にはどうにかわかっても、一般の読者には到底通じようもない難解な作品と化した。兼好法師は、「おぼしき事言はぬは腹ふくるるわざ」といったが、書くべきことは山ほど持っているのに、書けない人、――それも厳しすぎて表現できない人の辛さを私は思いやった。バルザックに「知られざる傑作」という短篇がある。完全無欠な絵を描こうとした為に、ついにカンバスを真白にぬりつぶしてしまう画家の話だが、しょせん人間は神様ではない。私はその先生からずい分色々なことを教えて貰い、今でも深く感謝しているが、併せて人間の不完全性というものについても学んだようである。

こんなことを思い出すのも、私にとっては久しぶりのことである。他の方は知らないが、私の場合編集者からの注文が多く、何でもいいから書いてくれという依頼は殆どない。それも多くは参考書を必要とする仕事の為、沢山本を読まねばならない。読書は好きだから苦にならないが、それより資料をどう使うか、〆切が迫ったりすると、それらのものについ寄りかかりたくなるのが困る。今度はそうしたものは一切いらない、さっぱりした気持で、一冊の本も持たずに来た。手ぶらで原稿用紙に向える。それこそ正に「随筆」というものではないか。だが、それは筆にまかせて書くことではあるまい。随筆という言葉が、いつ頃出来たか私は知らないが、任筆と呼ばなかったのは卓見で、自由に書くといっても、気ままに書いたらおしまいだ。あくまでも、筆に随うことが大切なのだろう。かりにエッセイと呼んでみた所で、別して上等になるとも思えない。エッセイは、たぶんフランス語のエッセイエから出た言葉で「試す」とか「やってみる」という意味合いがあり、その範囲では似たようなものだが、筆に随うといったような美しいひびきに欠ける。彼等には、また別の美しさが感じられるに相違ないが、それは私にはわからない。何《いず》れにしても、随筆は、大変日本的な文学の一形式で、日本人の体質によく合い、日本語にも日本の風土にも適しているように思う。古来、名随筆の多い所以であろう。

小説にも、論文にもそう云えば随筆に近いもの、随筆と呼んだ方がふさわしいものが沢山ある。そして、その方が、これは私の好みかも知れないが面白い。正宗白鳥氏の晩年の作品は、その最たるものであったが、最近読んだ中では、先日読売文学賞を受けられた網野菊さんの『一期一会』など、はたして小説といえるかどうか。大体そんな区別をつけるのがおかしいので、随筆がおのずから小説の態をなせば、それが理想的な姿なのかも知れない。

今もいったように、私は本を持参しなかったので、委《くわ》しく御紹介できないのは残念だ。よし出来たとて、ダイジェスト的な解説では、作品の傍にもよりつけないであろう。要するに、『一期一会』という題名の中にすべては含まれているのであって、一生に一度の人間の出会いというものが、市川団蔵という役者を通じて、美しく描かれているのである。団蔵とはいうまでもなく、先年引退興行を行った後、四国巡礼を終えての帰り、瀬戸内海で入水《じゆすい》したあの老優のことで、当時新聞や週刊誌が、社会問題として取りあげ、歌舞伎の封建性の犠牲者とか何とかやかましく書きたてたものである。そのことは未だ私達の記憶に新しいが、網野さんはそれとは別な角度からこの事件を見つめ、まったく個人的な、自分自身の問題としてとらえた。いや事件とか問題とかいう言い方はまずい。作者にとって、それはどこかで起きた事件ではなく、わが身にふりかかった不幸であり、団蔵のあわれを、自分のものとして受けとめた。心理描写もなければ、作者の勝手な想像もない。ただ、ありのままに、彼の死を知って、どんなに悲しかったか、それだけが縷々と述べられており、その共感の深さが読者の心を打つ。

人も知るように団蔵は名門の家に生れ、名人の父を持ちながら、映えない芸の持主で、一生うだつの上らない下積みの境遇に甘んじた。私は網野さんを地味な方だとは思っても、決して彼のように才能のない作家とは思えないが、この謙虚な女性は、団蔵の哀れさが、身につまされて悲しく思われたようである。しかもそれは大分前からのことで、未だ九蔵といった若い頃から見つづけ、その時々の舞台姿が克明に描かれて行くのだが、「一期一会」という詞も、その思い出の中に出て来るのである。何とかいう芝居の一場面で、団蔵の扮した老人が、「一期一会」と記した笠をたずさえており、その姿が、いかにも寂しそうに見えたという、ただそれだけのことなのだが、わずか二、三行の文章の中に、万感の思いがこめられ、作者と主人公が、あたかも一体と化したような感じを与える。たしかに、それは、一生に一度の出会いだったといえよう。実際に面識はなかったらしいが、何も顔つき合せて付合うことだけが、人間の付合いとはいえないのである。

ここでは時間というものが大きな役割をしている。愛情とは、時間をかけることだといい直してもいい。作者の強い共感にも拘わらず、この作品は実に淡々と書かれており、悲惨な事実を扱っているのに、少しもじめじめした後味はない。それが一番美しい所だと私は思っているが、ひいてはそうしたものが日本のあわれであり、日本の美しさといえるのではないだろうか。

それにひきかえ、団蔵が死んだ時、社会の犠牲者とか、封建性の罪悪とか、ハンコで押したようなことをいったジャーナリズムの冷酷さはどうか。そんなセリフだけ上の空に喋っていれば、するする通る世の中の方が、私にはよほど陰惨なことに思われる。こんなことをいうと誤解を招くかも知れないが、巡礼をした後、死んで行った団蔵の心中は、はたして私達が考える程みじめで、絶望的であっただろうか。それは網野さんの文章のように寂しいけれども淡々とした境地ではなかったか。

そんな疑いを持ちたくなるのは、先年私も巡礼をしたことがあるからである。勿論、私の場合は、信仰ではなく、単なる取材の為だった。それに四国ではなく、西国であった。が、曲りなりにも霊場をめぐっている中に、私は何か異様なものに触れた。それは未だ私がほんとうには知らなかったもの、――しいて云えば日本人の本質とか、魂のあり方とか、そういったものなのだが、どうも私には巧くいえそうもない。またいえた所で、証明のつかぬものでもある。が、さいわい私には、充分な枚数と時間が与えられている。少時そのことについて考えてみることにしよう。読者もそのつもりで付合って頂きたい。

日本の信仰

御承知のとおり、西国一番の札所は紀州の青岸渡寺《せいがんとじ》である。というより、那智山といった方がわかりが早いだろう。ここに有名な那智の滝がある。先ず、そこで、私は、実際に滝に打たれたような衝撃を受けた。立派なのである。おそらく富士山と匹敵する日本の二大景観といえよう。私はナイヤガラもヨセミテも見ているが、気が遠くなる程大きいばかりで、このように引きしまった緊張感はなかった。根津美術館にある那智ノ滝ノ図は、地ひびきがするようなその水音までとらえているが、古代の人々が、この滝を神として崇めた理由が私にはよくわかった。今もその伝統は守られており、滝の前には鳥居だけあって、神社はない。滝が御神体だからである。折しも観光シーズンで、新婚旅行や観光客で一杯だったが、みな滝に呑まれてシンとしている。少しばかり騒いだところで、ごうごうたる音にふき消されたであろう。周囲には奇妙な静寂がおとずれ、私は二千年の昔に還る心地がした。

青岸渡寺は、そこから少し登ったところにある。車を降りて、五百段ほど石段を登るが、はじめてのこととてこれは辛かった。が、紀州の海を一望に見渡す頂上からの眺めは、そんな疲れなぞ一瞬にして癒してしまう。遠く下の方には今見て来た那智の滝が、白く細い糸を引き、落雷のようなひびきがここまで上って来る。後は巍々《ぎぎ》たる山また山、前は洋々と果てしもない海。浮世の出来事など、何とつまらぬことにくよくよしたことか。観音浄土とは正にこのことだ、その時私ははっきりと合点した。

私は素直な気持で、父や母、それから先日亡くなった姉の冥福を祈った。取材旅行は、信心といわないまでも、何かしら求める気持に変って行った。取材の為にきょろきょろ漁《あさ》り廻るのが、浅ましいことに思われだして来た。

私にはもともと信仰心はない。だが一体信仰とは何だろう。日々かきたてずにおかねば、忽ち消滅するはかない幻ではないだろうか。その点、美とか伝統とか、或いは精神などと呼ばれるものに似ているのかも知れない。私には信仰があります、と正面切っていう人には、どこか偽善者めいた所がある。美学にある胡散《うさん》臭さを感じるように。巡礼という、実際に足で歩き、美しい景色にふれ、仏を拝む信仰の形式には、そういう疑わしいものは何一つない。それでなくても巡礼には、信仰は持たなくても、ただ霊場を廻るだけでいいという、極めて寛容な教えがあるのだが、大衆の間にあれ程はやったのも、私自身経験したように、何もかも忘れて幸福感にひたれるからに違いない。そこに観音浄土を見ようが見まいが、受けとる人次第で、歩くことそれ自体が、信仰につながるというのは、何はともあれ健康な思想である。

お寺は必ず山の上の、見晴しのいい所に建っていた。観音が住むという、補陀落山《ふだらくせん》を現したからで、他の所も大なり小なり皆那智山のくり返しであった。車が行く所でも、私はなるべく旧道を歩いて登ることにしたが、頂上へついてほっとすると、きまって目の前に高い石段が現れる。最後の所が一番辛かった。これは浄土にはそうたやすく行けない仕組かと解したが、そうして辿りついた舞台からの眺めは格別で、いかに無信仰の私でも、同じような体験を、三十三度も重ねては、浄土というものの存在を、いやでも認めないわけには行かなかった。あまりに印象が強かったので、その後人を連れて行っても、二度と同じ感動は得られない。車で乗りつけるからである。そして、車が行かない山は、遠くから眺めるだけに終っている。

たしかに、歩くというのは健康なことだ。実際にも、病弱な私が、巡礼をしている間、見ちがえる程元気になった。それだけでも有りがたいことだったが、現在の観光ブームも、これとまったく無関係ではないと思う。ただ確固たる形式を失った為、野放図に自由な旅を楽しんでいるだけで、そういう所から何も生れはしないであろう。時計片手の万歩運動もその例外ではないが、いつも何かに追いかけられているみたいで、不安の影がつきまとう。楽しむことも、陶然と酔うことも、そこにある種の努力、——たとえば石段を登るといったような、手つづきを必要とするのである。

私は少し巡礼についてお喋りをしすぎたであろうか。が、私は読者にそれを勧めているわけではない。平安朝以来、何百年もかかって出来上った巡礼という一つの形式を、大ざっぱにも知って頂きたいと思うからである。ついでのことに、もう少し付合って頂きたい。那智山の麓に、補陀落山寺という小さなお寺がある。山の寺に対する浜の寺で、例によって、浜の宮という神社と同居している。西国巡礼の札所ではないが、観音信仰と関係のある寺で、先にもいったように、補陀落というのは、観音の住む霊山の名称である。ここに古く、補陀落渡海という信仰が生れた。西の海へ船出して、どこまでも西へ西へと進んで行けば、観音浄土に達するという信仰である。つまりは自殺行為である。代々の住職は、ある一定の年齢に達すると、そうして死ぬのが定めとなっていたが、坊さんばかりでなく、平維盛《これもり》をはじめ、多くの在家の人々が、かたくそのことを信じて入水して果てた。

現代人の感覚では、信じられない程狂信的で、かつ残酷極まりない思想である。私は読んでいないが、井上靖さんも小説にとりあげ、学者の中でも、たしかにそういう信仰はあったに違いないが、日本人としては烈しすぎる、たぶんほんとにあった話ではなく、死んだ後、船に乗せて沖へ流し、水葬を行ったのが、そういう伝説として伝わったのであろうという説もある。人命尊重が叫ばれる現在、このような話はタブーかも知れない。が、それは私達が弱虫になったせいではないだろうか。昔の物語や伝記の類を読む時、私はどうもそんな気がしてならない。当時の人々は、男も女も、いつも命がけであった。命がけでなくては生きられない時代であった。遣唐使や学僧達が、文化を求めて中国へ渡るのでも、今では想像もつかぬ程危険な行為だったろう。その頃外国といえば、中国と朝鮮と印度しかなく、それらは皆西の方にあった。西、という観念は、おそらく私達が考えるよりはるかに強い、特種な色合いを帯びていたに違いない。沈む太陽を追って、西へ行く風習は、古代から行われており、その西の方から仏教とともに、目を見はるような文化がもたらされたことは、彼等の信念と憧憬を一そう強めたことだろう。西方に極楽がある。それは仏教の教えを俟つまでもなく、何の抵抗もなく受けいれることの出来る一つの思想であった。古代の自然信仰と仏教、神社と寺院は、そういう形で結びついて行った。日本人の外国崇拝は今はじまったことではない、二千年の昔から私達の血の中に流れつづけた伝統である。

中世に、補陀落渡海という信仰が生れたのも、そう考えると少しも不自然ではない。一途に西方に浄土があると信じて、船出した人々の心は哀れだが、ただ哀れとだけいって済ませては、彼等は成仏しないであろう。それよりそういう風に信じ切って死ねるということの幸福を思った方がいい。私はこのように特種な信仰を、ことさら美化したいとは思わないが、死を恐れないということは、若さの特権であり、生活力の現れである。ここで若さとか生活力というのは、必ずしも年齢を意味しない、死も恐れない程潑剌として生きる力をいうのである。

補陀落信仰が行われたのは、紀州ばかりではなかった。四国にも九州にもあったという。『問はずがたり』という、鎌倉期の日記文学の中に、こういう話がある。

四国の足摺岬に一人の坊さんが修行していた。小坊主を召使っていたが、慈悲深い少年で、毎日のように、どこからともなく現れる幼い法師に、自分の食物をわけ与えていた。ある日、師の坊さんが戒めて、余計なことをするな、といっている所へ、またその小法師が現れたので、少年はわけを話し、これが最後だ、といって食事を与えてやると、彼は長い間の恩を謝し、では私の住処へ一緒に行こうと誘って、浜辺へ連れて出た。不審に思った坊さんが、後を追って行くと、二人は小さな舟に乗って、沖へ出て行く。見ると、二人とも菩薩の姿になって、舟の舳先《へさき》と艫《とも》に立っており、置去りにされた坊さんは、差別の心を持ったが為、自分ひとり取残されたと、浜辺に足を摺って泣き叫んだ。故に、足摺岬と名づけたという。

例によって、うろ覚えなので定かではないが、大体右のような物語である。足摺岬に私は行ったことがないが、荒々しい外海に面した絶壁からの眺めは、熊野灘におとらぬ心打つ景色であろう。四国八十八ヵ所の札所もあるというから、団蔵もお詣りしなかった筈はない。もしかすると、彼が自殺を決意したのも、そこではなかったであろうか。巡礼を志した時、心は既に定まっていたらしいが、覚悟の自殺には時間が要る。自分の眼でもっと確かめたいこともあったに相違ない。ここに来て、土地に伝わる伝説も耳にしただろうし、補陀落信仰についても知っていたかもわからない。が、そんなことは問題ではない。果てしもない海に、日が落ちる時、彼の中の祖先の血が騒がなかったかどうか。きらめく浪の上に、生身の観世音が現れるのを、拝まなかったとはいえないのだ。

聞くところによれば、彼は巡礼をして、父母や友人の冥福を祈り、もはや思い残すことはないといったとか。一生下積みの境遇に終ったとはいえ、引退興行までして貰った。引退するというのは、役者の生命が終ったことを意味する。下手だといわれた上、生ける屍《しかばね》と化したのでは、あんまり自分が可哀相ではないか。自分がいなくても、家族はどうにか暮して行くだろう。これ以上重荷になるのは堪えられぬ。すべては終った。後ろ髪をひく何物もない。絶望のはてに、そういう静かなあきらめに至ったのではあるまいか。前には「長生きはいやだ」といっていたが、死の直前、家人へ送った葉書には、「長生きしてよかった」という意味のことがあったそうだから、歌舞伎の世界への恨みなどという、けちなものは振捨て、すっきりした心境だったに違いない。辞世の歌は忘れてしまったが、香典も通夜も何もいらない、地獄へ堕ちようと知ったことではない、そういう狂歌めいた歌だったと記憶する。

だが、死ぬのには勇気が要る。飛ぶ鳥跡を濁さぬたとえどおり、するべきことは全部なしとげ、誰にも迷惑をかけなかった彼の最期は、美事というより他はない。若さに任せて、交通事故を起す若者達とは雲泥の相違である。彼は命を粗末に扱ったのではない、大切にしたから死んだのだ。団蔵が極楽浄土に到達したことを、私は信じて疑わない。舞台の芸はまずかったかも知れないが、花道のひっこみは鮮やかだった。やはり彼は生粋の役者なのだ。そして、それを育てたのは、封建的と呼ばれる歌舞伎なのだ。そういっても、彼はきっとうなずいてくれると思う。

自分を知ること

歌舞伎の内情についてはよく知らないが、お能の内幕なら私は知っている。が、そうした楽屋話に私はあまり興味を持てない。ただ一例をあげておこう。昔、野口兼資《かねすけ》という能役者がいた。当時、宝生流には後つぎがなかった。彼は芸が巧かった為、その後継者と目されていたが、ある時毒を飲まされ、以来声が出なくなったというのである。

事実、兼資は、大変な悪声で、もしかすると、そこから生れた伝説かも知れないが、そんな伝説が生れる程、昔のお能の世界はひどい所だったといえよう。が、私が興味を持つのは、そういうことではなく、彼が生れつきの悪声を克服したことである。といっても、美声に変ったわけではない。悪声のまま何ともいえず美しい謡《うたい》を聞かせてくれたのである。彼の舞台姿には定評があったが、ある日私は「隅田川」の素謡を聞き、例の母親が子供の幽霊と会う場面で、お能を見るより以上の感銘を受けた。それはどんな美声の持主にも現せない程切々とした哀感にあふれており、シテの母親の嘆きを通して、彼の長年に亙る苦難の道を思ってみずにはいられなかった。禍を転じて福となす、兼資はそういうことを身をもって示した、稀代《きたい》の名人であった。

現在お能の世界は、それ程ひどい所ではないが、楽になっただけ芸も温室的になったといえるかも知れない。そこがむつかしい所で、先年私は東欧を旅行したが、あの地方で有名な工芸品も、共産主義国家では、巧い人もまずい人も皆一様に同じノルマが与えられ、同じ賃金が払われる。まずい人でもやって行けるかわり、巧い人は意欲をなくし、為に技術まで低下してしまった。生活は楽になっても、仕事の喜びはまったく失われたという。作品の上にも、そういうものは歴然と現れ、画一的な、気力の乏しいものと化している。不思議におもい尋ねてみると、今いったような答えが返って来て、世の中はむつかしいものだと思った次第である。

暮しは楽な方がいいにきまっている。人間が平等であることも、お釈迦様以来説かれて来た。その点、封建時代の方がよかったなどとは夢にも思わないが、楽になることと、幸福になることは、おのずから違うようである。

封建的という言葉も嫌いである。それは私達の祖先が通らなければならなかった道程であり、その歴史なくして私達の存在もないからだ。封建主義も人間が造ったものである以上、他の何々主義と同じように、いい所も悪い所もあったろう。そのいい所を見出して、自分の糧《かて》とした方がどれ程ましか。万人が満足するような、理想的な政治体制なんてものが、後にも先にもあったためしはないのである。

だが、野口兼資の例をみてもわかるとおり、欠点の裏づけのない美点はないし、持って生れた長所も、いつ短所ともなりかねない。いい所ばかり真似しようとしても、そうは問屋が卸さぬのだ。要するに、よく見ることが大切なのだろう。よく見れば、どの時代でも、人間が、そう変った生活をしていないことに気がつくに違いない。再びお能の世界に戻る。いうまでもなく、お能は、歌舞伎以上に隅々まで、型にはまった芸術で、徳川時代には、囃子方《はやしかた》はむろんのこと、シテはシテ方、ツレはツレの家といったように、地謡《じうたい》（合唱）の末に至るまで、世襲の家柄が定まっていた。地謡は永久にシテ（主役）にはなれない。そういうことが「封建的」といわれる所以だが、そのかわり地謡の専門家というものがあった。地謡に関するかぎり、隅の隅まで知りつくし、ということは、シテの型から囃子のテまで、全体に亙って精通しており、そのことに自信と誇りをもっていた。だからシテにとってはこわい存在だった。桜間左陣《さくらまさじん》という明治時代の名人は、地謡の一人に能を習い、芸を根本から叩き直されたと聞くが、舞台の上で、師匠の芸を、ついに見る機会はなかったという。彼等が、縁の下の力持ちに甘んじたのではない、自分の腕で下手なシテでも舞わしてみせる、そういう気概を持っていた。今は誰でもシテになりたがる。他の世界でもそうであるように。そして、ほんとうの玄人《くろうと》は少くなって行く。仕事に打ちこむ情熱を失ったからである。

個性について

能役者が能楽師になり、役者が俳優になり、女が女性と呼ばれるようになっても、一向世の中は進歩したとも思えない。待遇がよくなったのは喜ぶべきことだが、生活と仕事のバランスは崩れた。お能を完成した世阿弥は、乞食と呼ばれた河原者であったが、その体験を活かして、市井の猿楽《さるがく》を芸術に高めた。また、そういうことが可能な時代でもあった。室町時代の下剋上《げこくじょう》を、現代の社会にたとえる人もいるが、それは少し違うように思う。たしかに庶民の盛上る力が、既成の文化を圧したことは事実だが、彼等は古く美しいものを破壊したわけではない。それに近づくべく努力し、そして成功したのである。世阿弥でいえば物真似の芸を駆使して、平安朝の文化を模倣し、模倣のはてに独自の世界を打建てた。敵を知りつくしたとも云えよう。歴史はそういう風に動くもののようである。昔は悪い、駄目だと一概に斥《しりぞ》ける人に、何か造り出せたためしはない。そこの所が、今と違う。今は自ら高めるのではなしに、人を引きずり降す。それでは全体が下降しただけで、上に剋《か》つことにはならないであろう。お能にも、歌舞伎にも、そういう歴史がある。その元の所へ溯ってみることもなしに、封建制を云々するのは間違っていよう。滅びる滅びるといわれながら、お能や歌舞伎が現在もなお生きつづけているのは、封建制度の中で培われた底力にあると私は思う。

女性が強くなったのも、一種の下剋上的風潮といえるかも知れない。が、靴下にたとえられたのではあまり自慢にもなるまい。そういう母親から、全学連が生れるのも至極当然なことに思われるが、ほんとうに私達は強くなったのだろうか、それは見かけ倒しにすぎないのではないか、そう疑ってみることも無駄ではあるまい。

何といっても、女性がめざましい進出をしたのは、戦争直後であった。男女同権という旗をかかげて、鬼の首でもとったような勢いだった。数は忘れたが、多くの議席を獲ち得たのもその頃のことである。ある日、私は汽車の中で、有名な女の議員さんと一緒になったことがあるが、それはもう大変な勢いで、ハンドバッグから厚ぼったい札束をつかみ出したり、駅員やお供の人々を顎でしゃくったり、それが貧乏人の為に戦うと宣言していた人だけに私はびっくりした。そんな女性は論外であるが、あらゆる方面に女性が活躍し、女ならでは夜も日も明けぬ有様だった。当時名を馳せた人達も、今は消えたり亡くなったりして、世のはかなさを思わせる。実は今、女性について書き出して、私ははたと行きづまった。周囲を見廻しても、みな落ちついて、おとなしくなって、戦後の華々しさは影をひそめたからである。私は世間見ずだから、これは当てにならない。が、テレビなどでたまたま討論が行われるのをみても、勇ましい女性は少くなり、みな大人になった感じがする。最近は、サイケとかいうきものを着て、のし歩く娘達がいるらしいが、私の経験から云えば、あれは熱病みたいなものである。というわけで対象を見失った次第だが、私が女だから女性の肩を持つわけではない。一旦は飛びだしてみたものの、やはり世間はそう甘くなかった。そう知っただけでも大した収穫といえよう。近頃は、会社でも、大学出の女性をあまり歓迎しないという。採用しても、お茶汲みばかりさせるという不満も聞く。が、それ程つとめたいなら、お茶汲みぐらい我慢すべきだろう。石田三成は、お茶を汲んで秀吉にみとめられた。

家事が忙しくて、本を読む暇もないとこぼす奥さん達も信用できない。そういう人に限って、暇があったらテレビかお喋りですごすのは目に見えている。その反対に、この頃の教養ばやりもいかがなものか。私の所へは、時々こんな手紙が来る。——教養をつけたいが、どうしたらいいか、美術を知るには、どんな本を読むべきか、そういう種類の質問である。むろん教養はないよりあった方がいいし、知識も多い程いいにきまっている。それにこういう人達は真面目なのだから、此方に自信がなくても答えてあげなくてはならない。で、こんな風にいう。――教養は外に求めても駄目かと思います。家事でも園芸でも、その他何の仕事でも、したい事をみつけて、打ちこんでごらんなさい。知らず知らずの中に身につくものがありましょうと。美術についても、同じようなことしかいえない。――先ず、好きなものを買ってごらんなさい。物が教えてくれることがある筈です。本を読むのはそれから後でよろしいと。

甚だ頼りない話で申しわけないが、そんなことしかいえないのだから仕方がない。第一、教養と名づけるものが、現にあるのかないのか、それさえ私には、はっきりしない。はっきりしているのは、教養があると見える人間が、たしかに存在することだけだ。その人達に、必ずしも学問があるとは限らない。学問があって、教養のない人間も沢山いる。そんな雲をつかむようなものを、どうしてひと言でいいつくせるだろう。先日、ある若い女性から、こんな手紙を頂いた。――自分は染織に興味を持っている。だが仕事をする前に、一度作家達の仕事ぶりが見ておきたい。紹介して貰えないかというのである。

そこで、私は考えた。紹介するのはやさしいが、物を作る人達は、毎日忙しく、自分の仕事に専念している。そこへ見物半分で行かれてはたまらない。——人の仕事を見るより、先ずは自分でやってみることが大切でしょう。そこからあなたはきっとつかむものがあるに違いない、他人の仕事を見るのはそれから後になさったら、そういう意味のことを書いたところ、嬉しい返事が返って来た。——いわれてはじめて気がついた。私は今から仕事をはじめます。そして何年先か、見て頂けるようなものが出来た時、持って参ります。それまではお目にかかりません。手紙も書きません、云々と。

私はそういう女性が楽しみである。染織に向かなくても、きっと何かをやりとげる人だろう。このお嬢さんの場合はいい。だが、好きなもの、したいことといってもこの頃の若い人達には、それさえわからない人が多いらしい。恋愛でも、とっくり考えての上するのだろうか。その点を私は、一番気の毒に思っているが、個性尊重の教育が、何故こんな哀れなことになり終ったのか、どうも私にはよくわからない。個性という、ほんとはありもしない夢を、子供に押しつけたせいではないだろうか。子供はみんな面白い絵を描く。中でも「お母ちゃん」なんていう絵は、母親をよくつかんでいるのに驚く時がある。が、それが個性であろうか。ある一人の人間が、長い年月をかけて積みあげた動かしがたい姿、そういうものとは違うように思う。野口兼資の例は極端だが、持って生れた悪声は、彼の個性ではない。長年の訓練によって、どんな美声にも及ばぬ程美しく、鍛えあげられた謡こそ、誰にも真似ることの出来ない彼の個性であった。個性は、そんな風に、耳に聞えるもの、目に見える形の上にしか現れない。ここには子供の偶然性はなく、明日消えるかも知れない危うさもない。兼資は死んでも、未だ私には聞えて来るし、見えもする、永遠に変ることのない映像なのである。

お能というのは不思議なものだ。隅から隅まで型にしばられ、どこにも個性など出る余地はないのに、上手な人には紛れることのない独特の味がある。同じことをやるから反って出るのかも知れないと思う時もある。たとえば面《おもて》一つをとってみても殊に女面のたぐいは、皆同じような顔をしており、泣くとも笑うともつかぬ非個性的な表情をしている。それが舞台にあがると、生身の人間には及びもつかぬくらい、こまやかな感情を表現する。そういう経験から私は、早くに個性という言葉を信じないくせがついてしまった。習慣も、積れば何か教えられるものがある。個性というものは(元来がないのだから)、出そうとしても出る筈はない、ただ無心に行っている中に、もしかしたら、いつの日か、花咲く時が来るかも知れないと。伝統芸術にたずさわる人達は、皆そういうお祈りにも似た気持で堪えているのである。

幸福について

世阿弥は多くの芸術論を書き遺したが、その中で、直面《ひためん》（面をつけない能）はむつかしいといっている。年齢とか感情がむき出しになるからだ。そういう生のものを、面でかくしたのは賢明であったが、そこににじみ出る感情こそ、真に人間的なものといえるのではないだろうか。人間的という言葉も、近頃は変な風に使われる。立派な人が失敗して、弱点をさらけ出したりすると、人間的だといって、喜ぶような風潮がある。相手も人間だから、弱味も欠点もあるだろう。それをいとおしむのは人間的なことだが、自分と同じ所まで引下して、いい気持になるのは、非人間的な行為である。チェホフは、「男も女もビタ一文の値打もない」といったという。おそろしい言葉であるが、世阿弥が直面の能はむつかしいといったのも、根本的には、おそらく同じ意味合いを持つのだろう。だから面でかくした。西洋では、ギリシャ劇以後、早くに仮面を捨ててしまったが、日本では未だその伝統がつづいている。日本人が、喜怒哀楽を表さないのも、それと無関係ではないと思うが、近頃では、むしろ表す方が美徳とされている。結果はごらんの通りで、混乱は増すばかりである。何も喜怒哀楽を表すなというのではない、相手がいる以上、表し方があるといいたいのだ。

昔、私の友達が、ふとつぶやいた言葉を思い出す。彼女は大変美しい人で、銀座のバァのホステスをしていた。同じバァの同輩の一人が、その日弟を山で失った。偶然私はそこに居合せたが、大勢の客の中で、半狂乱で泣きわめいている。無理もないことと同情したものの、さりとて慰めようもない、みんな滅入った気分になって、盃をもてあました。その時私の友達が独り言のようにささやいた。「あの人、冷酷な人なのね」。私は虚をつかれて、はっとしたが、今こそはっきりわかるような気がする（この話は、前にも一度書いたことがあるが、その時は半信半疑であった）。そんな際にも、彼女は見失わなかったのだ。感傷と、深い悲しみが、まったく別なものであることを。その後、間もなく、彼女も死んでしまったが。

その反対の場合もある。同じく私の友達で、いわゆる上流社会の夫人だが、彼女も自分の息子を不慮の事故で亡くした。私もよく知っていたので、どんな気持だろうと、顔を見るのも辛かったが、お通夜に行くと、何事もなかったような、穏かな態度で迎えてくれた。それがよけい辛かった。どうもその時は私の方が取乱したようである。ふだんは特別偉い女性とも見えないのに、そういう時に、人間の真価は発揮されるものらしい。死んだあの人といい、昨日も会ったこの人といい、私はいい友達に恵まれたものだと思う。

悲しい時には、泣き叫べばいい。怒った時はどなればいい。それは衛生にいいかも知れないが、次には狂気と暴力が待構えていることも、併せて銘記すべきだろう。つまりは衛生に悪いということだ。年のせいか、この頃私も、少しは健康に注意するようになった。別に命が惜しくなったわけではない。吉井勇さんは、「長生きも芸の内」といったが、そういうことに興味を覚えはじめたからである。

昨日も軽井沢の町を歩いて気がついたことは、昔とちがって若い人がふえたような感じがする。ふえたのではなくて、総体的に若返ったのかも知れない。これは結構なことで、暮しも豊かになり、寿命も延びたことを示しているが、そのかわり魅力のある老人、特にきれいなお婆さんは少くなったように思う。年をとっても美しい女性がいないわけではない。先日亡くなられた女の議員さんは、昔から美人で有名な方で、七十近くなっても水々しい若さをたたえていられたが、何か万年娘といった感じで、巧く年とったという風には見えなかった。最後にお会いした時は、がっくりふけてしまい、特に後ろ姿はさむざむとして、ずい分無理をされているのではないかと痛ましかった。その時、私はふと、「天人の五衰《ごすい》」ということを思った。美しい天人にも、五種の悩みがあり、その為に仏になれないというのだが、その中に「本座を楽しまず」という一条がある。今ある位置、現在あるがままの姿に満足しないという意味で、別にこの方に限るわけではないが、化粧とか健康法が発達したお蔭で、年をとるということが、これからますますむつかしくなるのではないかなどと、人事ならず思ったものである。

私が若い頃は、たとえば西郷従徳《つぐのり》氏の夫人とか、その姑に当られる従道《つぐみち》氏の未亡人とか、手近な所では私の母方の祖母とか、磨きあげたようにすっきりした老女がいた。未亡人になった後、彼女達は髪を切り、切り下げという頭にして、後ろの方に小さくまとめていたのが、何ともいえず清潔で、可愛らしく見えるのだった。祖母なぞは、美人でもなく、豊かな生活をしていたとはいえないが、洗いざらしでもいつもきちんと衣装をつけ、乱れた姿を見たことがない。ある時、昼寝をしていて、みの虫みたいにちんまり横になっていたが、足のきれいなことにびっくりした。特別手入れをしているわけではないのに、爪が桜貝のようで、さわってみたい衝動にかられた。どことなく、残んの色香ともいいたいものがただよっているように見えた。

色気という言葉も、今はどちらかと云えば悪い意味に使われる。ほんとうに色気のある女性が、少くなったせいかも知れない。いい意味に使われる場合でも、色気というより、エロティシズムといった方がふさわしい。仕方なしに、お色気などといってみるが、敬語をつけると、反って不潔に見えたりする。私がいうのは、そういった種類の色気ではない。かくしても自然ににじみ出る女らしさ、後ろ姿にも現れる柔らかな感じ、年をとっても魅力の失せぬ女性のことをいうのである。老妓はむろんのこと、料理屋や宿屋のおかみさんにも、昔はそういう人が多かった。私の里の別荘番は、百姓をしていたが、お婆さんは色の白い黒目がちの人で、当時でも珍しいお歯黒をつけており、にこっとした時なぞ歌舞伎の女形を思わせた。彼等に共通な点は、ひと口に云えば涼しげなことで、先に書いた西郷従道氏の夫人など、恰幅のいい、堂々とした貴婦人であったが、爽やかな感じに変りはなく、子供心にも、特別美しい方として覚えている。そこには万年娘のきれいさはなく、円熟した大人の美しさがあった。

今はそういうものははやらない。老人まで、若者の真似をし、いつまでもお若い、などといわれて悦に入っている。これでは若者にひき廻されるのも当然のことで、文句がいえた筋合いではないが、そんな風では今まで経て来た苦労や経験が、勿体ないのではないか。若い人達は、それなりで美しいのだから、何もいうことはない。問題は中年すぎてからで、男も女も自分の顔に責任を持たなければならないなどといわれているが、気がついてからあわてたのでは遅かろう。今あげた人達は、たぶんそんなことは考えず、若い時から、与えられた地位に満足し、仕事に専心して、いわば一つの型の中で、「本座を楽しむ」ことが出来たに違いない。彼等を育てたのが、他ならぬ封建社会であってみれば、それ程不幸な制度とは思えない。それより、私達の不幸は、そういう形を見失ったことではないだろうか。いや、すすんで捨てた報いを受けているのではあるまいか。

といって、昔に還りたくはなし、還るすべもない。その中間で戸惑っているわけだが、歴史とか古典、古美術の類がはやるのも、無意識の中に失ったものを求めているのかも知れない。日本の芸術一般には、西洋のものとはたしかに違うものがある。たとえばバレエは、若い人にしか踊れない。稀にマーゴ・フォンテーンのようなバレリーナもいるが、それでも若さが売りものである。その反対に、日本の舞踊は、踊りでも歌舞伎でもお能でも、年をとらないとほんとうの美しさは現れない。私の先生の梅若六郎さんは、昨年還暦を迎えたが、「いつも親父（梅若実）に、六十すぎなくては、お能なんかわかるものか、といわれていましたが、この頃になって、ようやくその言葉の意味がわかったように思います」といわれた。

何がわかったのか、私には想像もつかないが、舞台の上には、たしかにそういうものが現れて来た。六郎さんは、子供の時から麒麟児《きりんじ》といわれ、若い時分から上手なことで有名だったが、それだけに秀才みたいなつまらなさがあり、私はいつも不満に思っていた。とかく弟子というものは欲張りなのである。先生にもそのことをいったが、いった所でどうなるものでもない、少し待って下さい、といわれ、お互いに待ちに待った。そうして、何十年か経った今、突如花が開いたのである。利巧な所は影をひそめ、春霞がかかったような芸風に育ったというか、何かひと廻り大きくなった感じがする。それは叔父の万三郎にも、父親の実にもなかったまったく別の美しさである。六郎さんは、ついに自分を発見した。誰にも真似られない個性を得た。ずい分長くかかったが、人生はそうしたものであろう。

老木の花

世阿弥は、お能の美しさを「花」と呼んだ。そして、それを三つにわけ、子供の美しさを、「時分の花」、盛りの頃を「初心の花」、老年のそれを「まことの花」と名づけ、「老木《おいぎ》に花の咲かんが如し」と形容した。この最後のものこそ永遠に消えぬ美しさであり、ほんとうに上手なシテは、色香も失せ、身体が動けなくなった後までも、なお花は残る、これを得た人は、死ぬまで上達するであろうと、そういう意味のことをいっている。西洋のものと違うといったのは、そこの所で、人生の経験を積んだ老人にして、はじめて現すことの出来る深い美しさだ。芸術ばかりでなく、すべての生活の上に、そういう手本が示されているとは幸福なことではないだろうか。

先年パリへ行った時、みじめな老人が多いのに私は驚いた。公園へ行くと、放心したような表情で、ベンチに坐ってぶつぶつひとり言なんかいっている。そのくせお互いに話はしない。暮しには困っていないのに、個人主義が発達しすぎたせいで、孤独なのだ。あの凄まじい風景に比べたら、婆ぬきとか何とかいわれながら、日本の老人は未だ未だ仕合せだと思う。だが、外国人、特にアメリカ人は、中々人に年をとらせてくれないのも事実である。私なんかでも、未だ「ガール」とか「ミス」とか呼ばれて、苦笑する時がある。

もっとも私は、一般的なことをいっているので、西洋のものにも「老木に花」の風情がまったくないわけではない。ピアニストのケンプは、四度ほど来日したと思うが、その度に変って行くのに気がついた。最初の時は、いかにもしっかりした一流音楽家の風貌で立派な演奏を聞かしたが、去年の時が私の印象では一番美しく、たしかベートーヴェンのコンチェルトであったか、楽々と管弦楽の中にとけこんで、引渡す工合が何ともいえず気持よかった。思いなしか、人相までよくなったような気がした。あれでは相手もしよいだろうと思ったが、コンダクターなんか要らないみたいで、しまいには演奏者と見物が渾然となり、音楽堂全体が、一つのかたまりと化したかのように見えた。私は音楽のことは知らないので、巧くいえないけれども、知らないものにもそんな風に、強い感動を与えるものがあった。

昨年は、仕合せな年で、二度も同じような体験をした。

ケンプは、いうまでもなく、一流のピアニストだが、もう一人はシフラで、私がシフラを聞きに行くというと、音楽通の人達に笑われた。二流品だというのである。たしかにはじめの方はつまらなくて、ショパンやシューマンは退屈したが、最後にリストの「ハンガリアン・ラプソディ」を弾きはじめると、魚が水を得たように生き生きとなり、見物席はまた一つのかたまりに凝結した。彼はハンガリーのジプシーの出だが、その血がリストに出会ってほとばしった、そんな強烈な印象を受けた。おまけに行儀が悪くて、興にのると見物の方を向いて笑ったり、踊り出しそうな気配を示すのが、反ってこの曲にぴったりし、同じく一流とはいえない「ハンガリアン・ラプソディ」が、この人を得て、はじめてこの世に甦るのを見た。見物も敏感にそのことを感じていた。熱狂的なアンコールで、シプシーと日本人の血が共鳴して、広い会場に鳴りわたるようだった。私は、いわゆる音楽通より、そういう大衆のたしかな喜びの方を信じたい。

音楽でも絵画でも料理でも、日本にじっとしていれば、世界中のものが味わえるのは仕合せなことである。が、何故日本人には、外国のものがわかるのだろう。自分なりにわかるのかも知れないが、究極のところ、「わかる」とは、それ以外にないのではないか。客観的な理解なんてものはあり得ない。もしあるとすれば、今いった音楽通みたいなもので、頭で区別したり、知識で選ぶ他ないだろう。わかるとは、そんな味もそっけもないものではなく、身に沁みわたる喜びであることぐらい、子供でも経験している。が、何となく気恥かしいのだ。そこで偉そうなことをいってみるのだが、大衆の方が、そういう点、黙って楽しむことを知っている。そして、我々の文化とは質のちがうものまで楽しめるというのは、我々の文化の中に何でも取入れる寛容な性格があることに他ならない。

日本という国は、いってみれば吹きだまりのような所である。外国から様々の文化が入って来ても、出どこがない。交通が便利になっても、何百年にも亙って蓄積されたものが、そうたやすく流出される筈はない。そこでかもされたものは、必然的に、地方色の濃いものであった。シフラの例ではないが、お能でも歌舞伎でも、あるいは絵画・彫刻の類でも、決して世界的な一流品とは呼べないのである。といって、土人の原始性はなく、植民地的なはかなさもない(たとえばペルシャの美術品は、ガラスに象徴されるように、甘い美しさに満ちている)。そういうものに比べると、日本の文化は、いかにも特種な様相を帯びている。私はこの随筆に、かりに「日本のもの・日本のかたち」という題を与えたが、ギリシャの石造美術ほどの手応えはなく、中国の陶器のしっかりした形もなく、実は困っているのである。だが、その困るところ、——いわば手さぐりで求める所に日本の美しさがあり、日本の形にふれることが出来るのではないだろうか。

ここ数日来、軽井沢は、名物の霧に閉ざされている。以前は、うっとうしくて、いらいらしたものだが、この頃はこういう日が好きになった。私は眼が悪くて、晴れた日でも霞んでしか見えないのに、霧の日は反って遠近がはっきりする。今日は、まるで、長谷川等伯《とうはく》の絵のようだ、そんなことを思いながら散歩している中、丁度こんな日の午後、正宗白鳥さんをお訪ねしたことを思い出した。ふと、そこの曲り角から、先生が現れるような気がしないでもなかった。

何といっても、正宗さんがおいでにならなくなって、軽井沢は淋しくなった。町へ行くと、いつも郵便局の前で（そこは一番人通りの多い所である）、何もかも見つくしたという表情で、さりとて面白くなくもないといった恰好で、ぽつんと立っていられるのが印象的だった。人込みの中で、そこだけ真空になったみたいで、少し薄気味わるいのが、能面の尉《じょう》によく似ていた。私は目が放せなくて、明治屋の角にかくれて（そこは郵便局の真前にあった）、長いこと見ていたものだ。ついに見物だけでは物足りなくなり、何の用もないのに、お訪ねしたのである。そのことは、後に訪問記に書いたが、若かったから、あんな向こう見ずなことも出来たのだろう。むろん先生の方は平気で、付合って下さったが、思い出すと穴にでも入りたい心地がする。それにしても、あんな面白い顔は、後にも先にも見たことがない。私には未だ白鳥文学がわかったとはいえないが、もしほんとうにわかったら、きっとあの通りの姿をしているのではないだろうか。

先生には、お能でも時折お会いすることがあった。お能も近頃変な風にはやっており、禅の影響とか、生死の思想とか、色々むつかしいことがいわれるが、先生とは一度もそんな会話をした覚えはない。「つまらん」、そしてたまには「面白い」、それだけで済んでいた。もしお能に思想があるとすれば、あの目に見えるやや退屈な形の上にしかない、これははっきりいえることだ。たとえば正宗さんにそっくりな尉の面、田舎でよく見るような姥《うば》の面、お上品な小町《こまち》など、日本人の表情を、実に適確にとらえていることに驚く。大胆で細心、単純にして複雑、それは汲めどもつきぬ面白さであり、一見無表情な能面が、秘密にあふれていることに気がつくのである。

「秘スレバ花ナリ。秘セズハ花ナルベカラズトナリ」

これも世阿弥の有名な詞だが、正宗さんの晩年の小説にも、「一つの秘密」と題する作品があった。人間には、最期まで、人に明かさない秘密がある。そういうことが書いてあり、それだけしか書いてないのに、不思議な魅力に満ちている。あれはどういうことなのだろう。いくら考えても、私には、郵便局の角で見た先生の顔しか浮んで来ないが、おそらく考えても無駄なことなのだ。秘密はその文体の上にあり、目に見えていながら近づくことが出来ない。いってみれば、能面のようなものかも知れない。そこから人は禅の思想など持出すのであるが、世阿弥はそんなことをひと言もいわなかった。ただ芸に関する具体的な注意を述べ、絶えざる工夫と訓練が必要なことを、くり返し説いたにすぎぬ。幽玄という、今では誰でも知っている言葉でも、言語動作の優にやさしいシテが、即ち達人なのだといっているだけで、幽玄という美学が別に存在したわけではない。しいて禅の影響をいうなら、その実際的な所、物に当って悟るといったようなことが似ているといえよう。が、それなら禅宗だけでなく、お茶でもお花でも、日本の芸術一般が行って来たことである。

素材について

近頃しきりにオブジェということがいわれる。私にはよくわからないので、フランス語の専門家達に聞いても、「物」というだけで、それ以上の意味はあり得ないという。私達の知らない所で、オブジェ論みたいなものがはやっているのかも知れないが、オブジェといえば、ああああれか、という位の知識は私も持合せている。材木とか石とか鉄屑のようなものを素材に使い、やたらに大きいのが特長だ。小さいのもあるかも知れないが、とにかく私の印象では、大きすぎてふつうの家には入らないし、毎日見ていたら気が変になりそうだ。そこの所が私にはわからないのであるが、たぶん造る人達には、それ相応の理由があるのだろう。人が見向きもしない材木とか、捨てられた針金などを使うことによって出来上る、純粋な物質、それこそ感傷のひとかけらもない美の真髄であり、美の極まる所、醜に到達する、というのでもあろうか。

が、私にいわせれば、それこそ頭脳から生れた感傷的な美にすぎないと思う。たしかに、美しいものの中には、止むを得ず醜くなってしまうものもある。現に兼資の謡など、決してきれいとはいえないし、バルトークはモオツアルトのように耳に快くはない。だからといって、人と異なる悪声や不協和音を目指したわけではなく、否応なしにそこへ行ってしまったのだ。結果と原因の違いといえよう。そして、芸術はいつも結果である。誰も原因は見ようとせず、見えもせず、見る必要もない。地主悌助《ていすけ》さんという画家は、海岸の石とか古瓦とか、紙屑籠から拾ったような紙しか描かない方だが、そういうものが好きだから描くというだけで、その他にむつかしい理論はない。にも拘わらず、触感さえ伝わって来るような、確固としたものが表現される。ものになる、とは正にこの事であろう。そういうわり切ったものが、オブジェにはない。少くとも、私には見えて来ない。そこがわからないといったのだが、たしかにそれは血の通った日本のものではなく、外国語のオブジェ、翻訳すれば単なる「物質」ということになろう。その点、彼等は少しも間違ってはいないのである。

私達は、外国語に祖先伝来のコンプレックスを持っている。たとえばオブジェと聞いたとたん、何か素晴らしく新鮮な、未知の魅力を感じるに相違ない。が、私達は同時に、外来のものを消化する術にもたけている。オブジェという言葉も、やがて日本語と化し、新鮮味を失って来るだろう。既に失いつつあるかも知れない。その時、何が生れるか、もしくは一時的な流行として終るか、誰にも断言することは出来ない。先日私は京都で、極ふつうな土瓶を一つ見つけた。ちょうど使いごろだし、気負った所がないのが気に入った。肩をはったものは、使っていると、こっちも肩がはる。ところが、聞いてみると、それが名だたるオブジェ作家の作品だったので驚いた。彼も、ついにこういうものを造るようになったか、と思ったら話は逆だった。伝統的な世界は息苦しい。そこからぬけ出したい為、オブジェに転換したという。お遊びなら話は別だが、此方はお金を出して買うのである。当人にとっては、息苦しい作品が、見る人にとっては気楽であり、お遊びの芸術が窮屈な感じを与えるとは、主客転倒ではあるまいか。別の言葉でいえば、相手を無視したことになる。相手なんて存在しない、己れ一人行く孤独な道がオブジェであると、彼等は胸を張るかも知れないが、相手がいるからこそ人間は孤独になれるのではないだろうか。一人ぼっちの孤独は、一人よがりの空想にすぎない。「太平洋一人ぼっち」の旅にも、ちゃんとヨットという相手がいた。

私は染織工芸の店をやっているので、しぜんその方面の作家達に付合いが多いが、実際に身につけるものなので、この世界では、あらゆる点でごまかしはきかない。いくら味のいい、着心地のいいものを作ろうとしても、実用に堪えなければ、きものではなくなる。美と実用の兼ね合い、そこに苦心を要するわけだが、元になるのは何といっても材料である。染めものには、いい織物を、織物には、いい糸を、そして糸はいうまでもなく繭《まゆ》からとる。その間に、糸を紡いだり、染めたり、湯で蒸したり、織ることよりそれ以前の過程に手がかかる。作家の一人、柳悦博《よしひろ》さんは、こんなことをいう。「織ること自体はそうむつかしくない。が、糸を見ることが中々出来ない。糸を手にとって、どんな織物が出来るか、ひと目でわかるようになれば一人前です」と。

そこらにころがっている繭や糸屑から、美しい織物は出来ないのだ。木工でも、漆工でも、石工でも、同じことがいえよう。美しい材質から、美しい作品は生れる。むしろ、素材から教えられる場合が多いかも知れない。硬玉の勾玉《まがたま》など眺めていると、その中から、原石の形が浮び出るような気がする時がある。昔、「玉造り」と呼ばれた人達が、いかに自然の石の性質をよく知り、その色と質にしたがって、勾玉を作り出したか、あの不思議な形がはじめから計算されたのではなく、原石の中から発見されたように見えなくもない。

何気なくそこらの石を並べたように見える石庭でも、よく見ると、どんなに自然の石を吟味していることか。庭石は、三分の二ぐらいを地下に埋めないと、落着きが出ないというが、ここでもかくされた部分に秘密はある。仏像や面のたぐいもその例に洩れない。木彫の彩色がはげた箇所を見ると、はじめに美しい木理《きめ》があって、それにそって造られており、決して自然に逆らってねじ曲げたり、彩色でごまかしたりしてはいない。昔の人は、材料と暇があったから、そんな悠長なことが出来たという人もいるが、それではいいわけにもなるまい。自然を愛し、いつくしんだ手の中から、それらのものは生れたのであって、時間や金だけの問題ではないと思う。現に木を育てるより、売ってもうける人の多い時代である。信州のある山持ちが、私にこんな話をしてくれた。——親という字は、立木を見ると書く。自分は木を伐るより、育てることに力を入れて来た。一本伐ったら、二本植えた。それが家訓であったからだが、お蔭で戦後皆が売った時も、我慢した為昔のままの山林が残った。「いや、そんなことより、木の中で育った私は、ほんとに木が好きなのかも知れませんね」。今でも未だそういう人達はいくらかいる。いや、そういう気構えだから生き残ったのであろう。

日本の伝統

オブジェ作家の功績ともいえるものは、花道を例にあげるなら、床の間から解放して、建築の一部と化したというか、それだけで鑑賞するものとして、一本立ちにさせたことだろう。そういう意味で、彼等が花を愛さなかったとは言い切れない。だがそこには一方的な愛情が感じられる。相手は自然物の中でも最もはかない、可憐な存在である。綜合的な茶道の一部として発達して来たのも、うす暗い茶室の中に、そこだけほんのり明るくなるような、息ぬきを与える為に他ならない。厳密にいって、花は一日かぎりの命である。そのはかない美しさに、人は無常を感じ、「一期一会」の出会いというものが、一輪の花に象徴されるのを見たに違いない。花はそのように、茶席になくてはならないものであるとともに、人中へ出しゃばって、自分を主張しては意味を失う。茶道で、一番大切なのは、茶碗であることはいうまでもないが、花器もそれに次ぐ重要な道具である。私はお茶はやらないが、それでも花器を買う時は、本能的に、先ずどんな花が似合うだろう、ということを考える。道具が先で、花は従なのだ。お茶を知らないものにも、それ程茶道の影響は大きいのであって、もともと日本人の生活全般を支配したその伝統が、そうたやすく消え失せる道理はない。極端なことをいえば、花器はものだが、花はものではない。活けてはじめて「ものに成る」。活けるというのは、実にいい言葉で、花は野にあっても生きているのに、それだけでは未だほんとうに生きているとはいえない、器に活けた時、はじめて生命を得る。だから、花瓶のことを、「花生け」というし、花道のことを「生け花」というのだろう。こういう言葉は外国語にはない。仕方なしに、フラワー・アレンジメントなどといっているが、生け花は単に花をアレンジ（まとめる、整頓）することではあるまい。器の形と、花の自然な姿にそって、動かしがたい調和を与えるのが、花道本来の使命であることは、日本人なら誰でも知っている常識である。

私は花が好きなので、絶やしたことがないけれども、何十年も活けている間に、やはり床の間というものは、大きな日本の智恵だったことを痛感する。床の間において、花ははじめて所を得る。丁度、掛物にぴったり合った表具のように。だが、現代の生活では、いつもそんな贅沢は許されない。西洋間で活ける時、私はある不満を覚えるが、それでも一定の場所を設定して、なるべく床の間に近い感じで見られるようにしている。絵画が建築という額ぶちを失って、博物館へ進出したように、花も床の間から、街頭へ向って歩き出した。私達には、もう落ちついて、花を鑑賞する場所はない。そういう世相に、オブジェ活け花は、まことによく似合っているといえよう。花の自然の姿にそって活けるのではなく、自分に都合よくアレンジしている。花びらを乾燥し、枝に原色を塗り、針金でしばり上げられた姿を見る度に、私の心は傷む。可愛さあまって、殺してしまったのかも知れないが、一種の暴力であることに変りはない。

そう云えば、近頃は、花自身もオブジェ化したように見える。総じて花は野生に限ると思うが、桔梗《ききよう》やりんどうも妙に大きくなり、造花みたいになった。野草が少くなったのも事実である。つい四、五年前まで、私の軽井沢の家も、女郎花《おみなえし》や松虫草で一杯で、わざと野原のままで放ってあったが、最近は探さなくては見つからない。やたらに人が摘みすぎたこともあるし、農薬で虫がいなくなったせいもあろう。それとまわりにゴルフ場がふえた為、共存共栄することが出来なくなったのかも知れない。淋しいことだが、仕方がない。その中庭《うち》でも造ろうかと考えている。

先週、私は上京した。暑い日だった。赤坂で車を拾い、霞ヶ関の交叉点で、信号を待っている間、暑さと忙しさで私はいらいらした。その時、運転手が、つとドアを開けて道へとび下りた。故障かと思う間もなく、座席に帰り、外で拾って来たものをバックミラーにさした。花だったのである。御存じのとおり、あの辺は芝生が多く、夏は雑草がのびている。その中から、よくある小さな菊みたいなものを摘みとったのだ。とたんに私は、暑さも疲れも忘れはてた。相手は、そこらの兄ちゃん風の若者だし、花も名もない雑草である。が、日本人でなくては、とてもこんな優しいことはしてくれないと思った。炎天下に、そこだけ涼しい風が吹きすぎるような、心に満ちた一瞬であった。

花にも心はある。物にも魂はある。昔の人はそう信じていた。物の怪《け》、物忌み、物狂い、物病み等々、日本人にとって、物とは魂そのものを意味した。もののふも、物部《もののべ》氏から出た名称で、霊魂を司《つかさど》る氏族であったが、力強い魂は、強靭な武器に宿るとされていた。彼等が祭った石上《いそのかみ》神社には、不思議な形をした刀剣の類があり、殊に有名な七支《しちし》刀《とう》（七つの枝に分れた槍のような武器）などは、古代人の心が躍動しているようで、「刀は武士の魂」という後世の言葉にも、長い歴史が秘められていたことを思わせる。彼等にとっては、刀を磨くことが、即ち心を磨くことであった。刀を打ったり、磨いたりした手応えの中から、武士道精神は生れたといっていい。決して戦時中説かれたような抽象的な思想ではなく、元はといえば、荒ぶる魂を鎮める為の、平和な行為であったのだ。

茶道の精神についても、色々なことがいわれるが、それよりむしろ一本の茶杓《ちゃしゃく》を取扱う手つき、もしくは一箇の茶碗の上に、利休の思想はよく現れているように思う。

先日私は、ある数寄者の家で、沢山お道具を見せて頂いた。いわゆる茶人ではなく、道具が好きで、若い頃から買いはじめ、自然にお茶へ入って行ったという方である。その中に、平凡な白木の盆があった。何でもない四角な盆なのだが、薄作りで、その軽い触感がこたえられない。隅々まで神経が通っていて、さわっていると、自然に心が和むような、そういう感じのものだった。伺ってみると、利休が作らせたものとかで、時価百万円ぐらいはするという。それは利休の名に対する価であるには違いないが、といって、これ程の名品は、探しても絶対にない。そこの所が私には面白かった。それにしても、平凡な白木の盆に、百万円も投ずる人は、日本人以外にはないだろう。だが、それは決して空想的な値段ではない。画商が新画の値をつり上げるのと違って、利休以来、四百年の間、鑑賞家達の厳しい試練を経て成立した価なのである。茶道具の中には、利休や宗旦が所持したというだけで、不当な値段がつくものもあるが、それ程人間に対する信頼が大きいということは、面白いことではないだろうか。物は人なり、なのだ。箱や箱書を尊重することも、下らないといえば下らないことだが、二重三重の箱に入れて、大切にしたから美術品は残ったのである。道具が好きな人達は、被服（またはシフク）といって、袋や紐にまで気を遣う。まるで好きな女にきものを着せるように、中身に似合った布を選ぶのに時間と金をかける。こういうことも他の国ではないことである。先日、東京国立博物館館長の浅野（長武）さんが、座談会で、面白いことをいわれていた。

「日本の美術品は、皆個人が大切にして、肌身離さず秘蔵したから残ったのです。博物館などにあずけるようでは駄目ですね」

名博物館長である。浅野家には、周知のとおり、国宝級の名品が沢山あり、その経験から発した言葉だと思うが、そういう気持で経営して下されば、博物館も安泰だ。私などは物の数ではないが、それでも好きで集めたものがいくらかあり、陳列に貸してくれと頼まれる時がある。はじめは得意で出品したが、この頃は少しいやになった。出し惜しみするわけではなく、何か自分の一部といったように、大事にしているものを、人目にさらすのが辛いのである。こういう気持は、骨董好きにしかわかって貰えないと思うが、よかれあしかれ、日本の鑑賞には、そういう人間臭さがつきまとう。私物化するのはよろしくない、なるべく多くの人に見て楽しんで貰いたい、そう思う気持がないわけではないが、単なる物見高さから見物されては堪らない。もともと日本の美術品は、そのような鑑賞に堪えられるように育ってはいない。ガラス越しに見ても、その真価がわかる筈はなく、手にとって、使ってみて、長い間付合った上で、はじめて納得が行く人間的な存在なのである。

それにしても、この頃の展覧会の混雑ぶりは異様で、ちょっと近よれない感じがするが、日本人の生活力と好奇心の現れと思えば、喜ぶべきことだろう。柳宗悦《むねよし》氏は、しきりに「じかに物を見る」ことを説いたが、そこではじかに見ることが、未だ充分行われているとは思えない。学生の団体など、物を見るより、解説書きの前で筆記していることが多いのは、翌日先生に感想を聞かれる為だろうか。知識を持つのはむろんいいことだ。が、物がなくて知識だけあるのは恐ろしいことである。箱書だけ尊重するのと同じように、自分で見たり、考えたりする力をなくし、いつも外の力に頼る。いつの間にか生活のすべてに亙ってそれが習慣と化すからだ。

鑑賞という言葉も、昔はなかった。鑑賞とは、先にもちょっといったように、生活の中で、物と一緒に暮すことを指し、長い間暮してみれば、人間と同じように、何がわかったといえなくても、何かしらはっきりつかむものがある。つかめば他のものを見る場合にも応用できる。知識とか理論とか、間に何も交えない直接な鑑賞法を、柳さんは「じかに物を見る」といったのである。

物は人なり

いつか松永安左衛門《やすざえもん》氏から、秘蔵の茶碗を見せて頂いたことがある。朝鮮の刷毛目《はけめ》のような何気ない茶碗で、実にいい味になっており、何れ名のある銘器かと思ったら「実はこれ、発掘でね、三十年前に、三円で買ったんです。そして毎日使っていたら、こんなによくなった」と、お得意の様子である。松永さんは、美術館も持ち、著名な蒐集家だが、人の知らない所で、そういう生活もされていたのである。焼きものとは、そんなものだ。可愛がってやれば、育つ。そして、文字どおり、手塩にかけて育てたものは、自分の子供みたいな気がして来る。だが、必ずよくなると信じて、使っている間に、変なしみが出たりして、駄目になる場合もあるのだから、いよいよ面白い。また、早く味をつけようとして、焦ってみてもはじまらない。煮湯《にえゆ》やお酒で煮たりすると、一応味がつくことはつくが、荒っぽい感じになる。此方の気持を映すのだ。そういう時には、向こうから見られているようで、恥かしい思いをする時があるが、要は、短気を起さず、気長に付合うことである。毎日のように、出したり入れたり、洗ったり拭いたりしている間に、自然に内部からにじみ出るもの、それが焼きものの味であり、個性である。そうして、一人前になると、値段も十倍百倍にはね上るが、私などはお金があまりないので、よく先物買いをして失敗する。負け惜しみをいうわけではないが、先物買いには（変なしみが出たりして）危険がともなうかわり、楽しみも多い。近頃では、完成したものより、育てる方が楽しみになった。特に、徳利は面白い。徳利は生来酒好きらしく、お酒を入れておいたり、お酒で拭いてやると、みるみる御機嫌になって行く。私が食事の後で、よくそんなことをしていると、子供が焼餅をやくのか、いやらしいとか、気ちがい沙汰とか笑ったものだが、最近は、彼等もひそかにやっているようである。

若い人達の間でも、この頃は骨董がはやっているらしい。骨董は買ってみないとわからないというが、苦労して買うと上達も早い。買ってもしまっておいては何にもならないが、安い物でも楽しめるのが、日本の美術品のいい所だと思う。一流品は、誰にでもわかる。だが、たとえば蕎麦猪口《ちょこ》のように、沢山あるものの中から、美しい品を選ぶのが、ほんとは一番むつかしいことなのだ。蕎麦猪口が美しいのではない、安物だからいいのでもない、発見することと自体に意味がある。秦秀雄さんは、井伏鱒二氏の『珍品堂主人』のモデルだが、どこから探して来るのか、安くて面白いものを持っている。二、三日前、遊びに行った時は、豚の蚊やりを見せてくれた。といっても、そこらに売っている代物ではない、おそらく一番最初に出来た豚であろう、色といい形といい、埴輪と見紛《みまが》うばかりの美しさで、譲ってほしいとねだったが、許してくれということで、かわりに西洋鋏《ばさみ》を二丁くれた。四国の古道具屋で見つけたとかで、手作りのいい味の鉄で打ってあり、私は今それを机の上において愛用している。これもたぶん明治の初期、はじめて西洋から鋏が入った頃、見様見真似で作ったものに違いないが、時代を問わず初期のものには、何か一生懸命作ったというような、うぶさが現れているのが美しい。他にも拍子木とか、農具とか、値段にすれば、百円台のものが多かったが、よほど年季を入れないと、こういう種類のものは見逃してしまう。さすが珍品堂の名に背かぬ眼の持主だと、私は改めて感心した。

一級品とちがって、買値はたかが知れているので、そう法外な値もつけられない。といって、探してもないものばかりである。骨董には、眼のほかに、運もつきまとうが、熱心に打ちこめば、運もついて来るものなのだ。そんな風にして、手に入れたものは、手放したくないのが人情で、しぜん商売は二の次となる。眼が見える辛さというべきか。商売でもうけるには、あんまり物が見えない方がいい場合もあり、これは他の職業についてもいえると思うが、金もうけか、人生の楽しみか、大ざっぱにいうと人間は、その何れかにわけられると思う。

むろん人間としては、後者の方が面白く、そういう人達に私は付合いが多いが、たまたま高い値段をいわれても、私は黙って買うことにしている。骨董屋さんで値切るのは、損なことなので、いいものは見せてくれなくなるし、(値切るのを予期して) 高くいう為、結局余分に払うことになる。だが、それだけでなく、相手の眼を尊重して、少しは高く払ってもいいのではないだろうか。それが付合いというものではあるまいか。

日本の焼きものは、秀吉の朝鮮征伐の際、朝鮮の農民が日常使った雑器の中から発見された。大名物とか名物とか称される茶碗は、おおむね当時の伝世品である。造ったのは朝鮮人かも知れないが、取りあげたのは日本の眼だ。野草を花生けに活かすようなもので、発見というより、創作と呼ぶべきであろう。発掘の茶碗を使いこんで、育てることも、安物の中に名品を見出すことも、そういう伝統が生んだたまものである。

私はお茶のことはよく知らないが、自分が発見した茶碗を中心に、掛物とか花生けとか、その他もろもろの道具の末に至るまで、時には似合ったものを選び、時には変化を与えたりして、一つの調和を造りあげることは、音楽を作曲するにも似た喜びがあるに違いない。だがそこまで踏みこめないでいるのは、茶道も花道と同じように、孤児的な存在と化しているからだ。本来は、一般日本人の生活の基本であったものが、金持ちの道楽となり、花嫁道具と化し、或いは観光客相手の見世物となり終った。止むを得ず骨董の世界で、友達と付合って憂さを晴らしているにすぎないが、案外若い人の中から、新しい茶人は生れて来るかも知れない。安い月給の中から、彼等は物を買い、生活の中で使っているからだ。日本の伝統は、お茶の世界にはなく、今や大衆の中に移りつつある。将来のことはわからないが、そういうきざしがあることを、私は肌で感じている。いつかイランへ行った時、テヘランの骨董屋達が、外国人は百人の中、せいぜい一人しか買わないのに、日本人は十人いれば九人は買う、どうしてあんなに好きなのだろうと、びっくりしていたが、それが日本の伝統の厚味なのである。

「伝統を活かす」ということも、近頃はひどく手軽にいわれている。殊に私が関係している染織の世界では、往々にして、古い柄や色を真似する意味に使われる。反対に、新しい柄といえば、ピカソやマティスばりの模様だったりする。伝統の意味を解さないからである。

私の店に一風変った職人さんがいる（彼は名前を出すと怒るので、わざと伏せておく）。頑固な人で、付合って貰うのに十年はかかったが、染めものについて、彼ほど苦労して研究している人は少いと思う。彼は昔の染めものをよく知っており、到底かなわないと思っている。その原因がどこにあるかと云えば、染料でも糊でも、不自由だから美しいものが作れたのだという。現在は、材料が豊富に手に入る上、使いやすい。決して悪いことではないが、便利なものは、使いいいからしぜん手を省く。たとえば、よくのびる糊は、細い線も自由に引けるが、力が入らないので、かよわいものになってしまう。そこで、彼は糊から研究した。

工芸の世界で困ることは、古典芸術とちがい、秘伝といったようなものがなく、常識として、誰でも知っていたことは書き残してはないのである。彼は手さぐりで探した後、ついに発見した。勿論、使いにくい糊で、他の人にはすすめられないが、彼の技術には合っており、それで引いた線は、実に力強く、（何しろよく生地につかないので）所々かすれたりするのが、何ともいえぬ味わいになる。発見したのは、もしかすると、昔どおりの糊ではないかも知れない。彼の作品も、したがって昔のものとは趣きが違う。が、それに匹敵するほど美しい。昔の人が味わった不自由を、自ら造り出すことによって、肉薄したといえようか。

一事が万事で、一つの色にも、一つの柄にも、彼は同じ程度の工夫をする。こまかい模様の上に、手描き友禅をのせる場合、こまかい柄は当然型を使うのに、その部分まで手で描いてしまう。余分の賃金を請求したりはしない。手描き友禅の部分より、そちらの方が十倍も手がかかるというのに。

「でも、この方が深みが出ます。型を使えば簡単だが、どうしても平面的になる。私は手がかかるのは一向構いません。何せ好きな仕事ですから、そこまでしないと、気が済まんのです」

そういわれては、返す言葉もない。ちょっと見は変りはないが、例の糊で、一つ一つ丹念に描いた模様は、何といっても厚味があり、他人には真似られないよさがある。不必要といえば不必要なことだが、無駄の効用を彼ほどわきまえている人はないだろう。そういう風だから、頑固である。気に入らない仕事は、割りがよくても引き受けない。そして、気に入ることといえば、ふつうならいやがるような、手間の要る仕事で、そういうものを頼むと、突然生き生きとなる。大分前のことだが、ある協会から、賞を出す為に、いい職人を推薦するよう頼まれた。私はすぐ彼のことを思ったが、もし機嫌でも損じては、先方にも悪いと思い、あらかじめ打診してみた。すると、案の定、断って来た。——賞を頂くのは有りがたい。が、頂くと、仕事を頼む人が多くなる。が、どうせ沢山は出来ないので、断るのに時をつぶすのがいやである。私はただ仕事をすることだけが楽しいのだから、なるべくそっとしておいて貰いたい、と。

彼は技術の上に、伝統を活かすだけでなく、仕事を楽しむという職人の伝統も、同時に活かしているのであった。そのような人間にかぎって、あまり世間へ出たがらない。楽しみを奪われたくはないからだ。染織の世界には、未だそういう人がいくらかいる。きっと他の所にもいるに違いない。私達が知らないだけで。——そう思わなかったら、あまりにこの世の中は索漠としすぎている。

私の付合いは、大方そういう人種に限られている。世間からは、変人か、「珍品」に見えるかも知れないが、私にしてみれば、彼等の方が常人なのである。第一、よけいなお喋りをしない。どんなに大きな夢を抱いても、実際の仕事に当ると、手は口ほど自由に物がいえないことを知っているからだ。骨董屋さんは、物を造る人達ではないが、物を扱う点では同じである。そこに美というあいまいなものと、金というはっきりしたものがからまるから、事は面倒になる。

ほんもの・にせもの

数年前、伊万里の贋物が大量に流れたことがあった。「芸術新潮」や週刊誌がとり上げたから、記憶している方も多いに違いない。これには一流の眼利きもひっかかった。いや眼利きほど、だまされるものがあったといっていい。何故かといえば、それらはよく出来ていただけでなく、発掘の破片でしか見られないような、極く初期の伊万里で、こんなものがあったら素晴らしいと、常々夢に描いていたものだからである。そこを狙ったのは、天才的な知能犯だと思うが、流行というのは恐ろしいもので、皆熱にうかされたようになり、値段も日に日に上るばかりだった。一流の骨董屋さんまで、「じかに物を見る」日頃の訓練を、忘れはてたのだから面白い。あやしい、と思い出したのは、大方出つくした後で、大量にはない筈のものを、作りすぎた結果かも知れない。はじめから知っていた。だからだまされなかった、という人達もいるが、それは後からいえることなので、その世界では、贋物にひっかからないことは少しも自慢にはならぬ。女にだまされない男が、女を知らないようなもので、博物館や学者の意見を聞いて、安全なものだけ買っていれば、間違いはないかわり、進歩も望めないのである。

その後始末にも私は興味を持った。そういう時に人間は現れるからである。御多分に洩れず、私もつかまされ、（これはいつもの事だが）方々の骨董屋さんに借金が出来た。ある人は、知らん顔をしたし、ある人は執拗に請求した。またある人は、御破算にしてくれたり、申しわけないから、引きとるとまでいった。が、縁あって買ったものである、贋物だからといって、急に返す気にはなれなかったが、その人は売った先を一々たずね、全部現金で買い戻したそうである。損害は大きかったが、そのかわり金では買えぬ信用を獲ち得た。私も損をしたかわり、この伊万里にはずい分教えられた。

その中のいくつかは毎日使っているが、新しい作と思えば、何もこだわることはない。市場でも、「例のテ」として、相当の値段で売買されているという。外国で贋物を作れば罰せられるのに、美しければ許されるのも、日本の面白い所だろう。やがて五十年も経てば、本物の中にまじる時が来るかも知れない。人間の場合でも、往々にしてそういうことはあるのだから、目くじら立てて怒ることもあるまい。私の祖父は、別に眼が利いたわけではないが、書が好きだったので、時々人が鑑定をして貰いに来た。その度に、「真と思えば真、偽と思えば偽じゃ」と、あっさり片付けていたのを思い出す。

永仁の壺も、乾山の焼きものも、うやむやになった。加藤唐九郎氏（永仁の壺の作者）などは、反ってその為に名を上げたくらいである。私などは性懲りもなく、例の伊万里と知って、出来のいいのがあると、今でもついほしくなる。いつかも京都の骨董屋さんで、譲ってくれないかと頼んだが、彼も被害者の一人だというのに、大事にしていて売ってくれない。いっそ当人に作って貰おうと思い、しらべてみると、死んだという。未だ三十そこそこの作者である。どうも臭い。今頃は別の所で、ひそかに志野でも焼いているのではないかと思ったら、最近の情報では、未だ生きていて、盛んに作っており、技術もひとしお上達したという。現に古陶磁の展覧会で、彼の新作がまじっているのを見たという人もある。こうなると、怪談めいて来る。真贋の世界は、底無し沼のようなもので、ジャーナリズムの好奇心や、行きずりの正義感など、よせつけない程奥深いのである。

現代は批評の時代である。猫も杓子も評論家になり、もしくは、されてしまう（私など、たまに古代ガラスで指輪を作ったりすると、忽ち宝石評論家と呼ばれるのだから恐れ入る）。たしかに、おかめ八目で、外から見れば色々なことがわかるし、いえもする。が、何故人は、きりなくわかったり、いえたりすることに、疑いを持たないのであろう。それより何故退屈しないのか。批評するとは、そんなにやさしいことではない筈だ。真贋の問題でも、この頃は議会に持出されることがあるらしいが、国民の税金を使う場合は当然のことだろう。私にしても、自分の税金で、変なものを買われては困る。が、一体誰がきめるのか。証拠はどうしてつかむのか。かりに、自白する人がいても、売名の為にしないとは限らない。とあってみれば、追及する議員さんも困るに違いない。真贋とは、それ程つかみにくいものであり、美とはそれ程あいまいなものなのだ。

殊に、日本の伝統工芸の場合は複雑である。たとえば能面で、龍右衛門《たつえもん》の小面《こおもて》という場合（龍右衛門は、鎌倉時代の作者。小面は、若い女の面）今出来のものでも、立派にその名で通る。それは一つの型であり、龍右衛門は、もはや固有名詞ではない。それにもピンからキリまであって、本物は既に失われている（と私は思う）が、一応残った中で出来のいいものが、原型として通っている。工芸品ばかりではない。私の友達が池大雅を一枚持っており、先日見せに来てくれた。どうも怪しいと思ったが、私には鑑定はできないので、専門の道具屋さんに見て貰うと、「これはよろしい」という。それでも納得が行かないので、更に追及してみると、「よろしい」中にも段階があって、正真正銘の大雅の傑作の他に、その他大勢の大雅があり、これはそういった種類の「よろしい」作であった。その他大勢の中には、むろん本物の駄作も交じっている。とすれば、本物とは一体何なのか。

先の伊万里についても、同じようなことがいえるのであって、はたして本人が、贋物と自覚して作ったかどうかわからない。本人に聞いても、はっきり答えられないかも知れない。それにこの場合は、桃山時代の古い伊万里が、もしかすると、こうもあろうかという創作的な意味合いもある。そこの所に皆ひっかかったわけだが、ひっかかるだけの魅力もたしかに備えていた。そういう次第であってみれば、真贋などとやかくいうのは無意味であろう。ただ、好きか嫌いか、つまるところはそれしかない。別の言葉でいえば、信じられるのは、自分しかない、ということだ。

骨董の世界

贋物がいいというのではない。贋物を恐れるな、といいたいのだ。贋物も、ものである以上、必ず教えてくれるものがある。そういうことを骨董屋さんは知っている。だから批判したりしない。いつか壺中居の広田さんが、エジプトの彫刻を見て、つまらなそうな顔をしていった。「フン、こんなものなら家のお蔵にいくつもある」。弟子が贋物を買って、そのままお蔵になったものが、ああいう店にはどれ程あることか。もしかすると、それが一流の店の厚味かも知れない。右から左へさばく人は、お金はもうけても、一流にはなれない。「秘スレバ花」なのだ。そういう我慢が、弟子を育てる。弟子はお蔵へ入る度毎に、自分の買った贋物が並んでいるのを見て、小言をいわれるより、はるかに辛い思いをするだろう。そこで身にこたえて覚えて行くのだが、骨董屋さんの中には、高い値を出して買った贋物を、神棚に上げて拝んでいる人もある。

そういう世界でもまれた人達は、皆個性を活かしている。物が見える・見えないは、生れつきもあることだから別として、それぞれ自分に合った生き方をしている。ある人は、美などそっちのけで、金もうけに専心し、またある人は、お客によく付合い、可愛がられることだけで立派に店をはっている。買うものは何もないのに、あすこだけはちょっとよらないと気が済まないといったような魅力のある人もおり、五度に一度は何か貰うので、結構商売が成立って行く。骨董屋さんというより、クラブといった方が早いような店があるかと思えば、演出が巧くて、つまらないものでも、その人の手にかかると、美しく見え、買って帰ってうんざりすることもある、という工合で、総じて彼等は商売人というより、芸人と呼んだ方がふさわしい。

お客の方も一筋縄では行かぬ。骨董を買って四、五十年などという古強者《つわもの》になると、かけひきが巧く、ほしいものがあっても、決して嬉しそうな顔はしない。長い時間をかけて、世間話などしている中に、骨董屋さんの方がついだまされて、値切りもしないのに、安く売ってしまう。それも楽しみの一つらしく、あっさり定まると、つまらなそうな顔をしたりする。そういう人達が、私に上手な買方を教えてくれるが、あんな芸当はとても出来そうにない。あきらめて、率直に付合うことにしているが、そこはよくしたもので、向こうも安心して付合ってくれるから有りがたい。要するに、骨董の世界といっても、ふつうの付合いと何ら変りはないのだが、私の場合はふつうの付合いを、むしろ彼らから教わったといっていい。

壺中居の不孤斎《ふこさい》さんは、今は隠居の身分だが、戦争直後に私が買出した頃、こんなことをいった。「あなた仕合せな方ですね。わたしが五十年かかって、見ることが出来たものを、全部ひと月で見られる。この機会を逸してはいけませんよ」。

財産税で、有名な蒐集が、どっと流れた頃の話である。私は子供の頃から、そういう人達の蒐集は知っていたが、買ったことは一度もなかった。とても手が出ないとあきらめていたからだ。そのくせ知識はあった。もう覚えていないが、今よりははるかにあったかも知れない。私は不孤斎さんのいいつけを守り、毎日のように壺中居の店へ通った。壺中居は、中国陶器が専門だから、唐三彩、宋赤絵、明《みん》の染つけなど、天下一品の伝世品ばかり、面白いように入って来て、忽ち売れて行った。むろん中国には、もっと沢山あるけれども、名品となると日本に多い。桃山時代以来、選びに選んで将来したからである。そういう意味では、朝鮮の焼きものと同じように、日本の陶器と呼んでもいいと思うが、中国では雑に使われたものが、日本に渡ってその美しさが認められたものもあり、注文して作らせた品も少くない。それらが妍《けん》を競う花園の中で、私は夢に夢みる心地であった。ところが、ある日、どうしても買わずにいられないものに出会った。不思議なことに、それは日本の焼きものであった。これはもう夢ではなく、れっきとしたものである。六万円という値段は、当時の私には辛かったが、月賦にして貰い、買って帰ると、嬉しくてたまらない。寝る間も傍において、愛玩し、ただ見物していることと、買うことが、こうも違うものかと、生れてはじめて知ったのである。

それが病みつきとなった。以来、私には借金がつきまとい、年中苦しい思いをしている。たまに本など出版して、まとまったお金が入ると、ようやく払えてさっぱりするが、とたんにそれ以上の買物をするのだから世話はない。が、容易に手に入れたものが、そうたやすく身につく筈はなかった。不孤斎さんが、五十年かかって見たものを、ひと月といわないまでも、一年余りの間に殆ど見つくし、その中から好きなものをいくつか買って持っていたが、肝心の有難味が私にはピンと来ない。かたわら、名品は毎日出る。借金にも限度がある。止むを得ず、売ったり買ったりしていたが、売る時には別れが辛くても、「どうせまたあるサ」という安易な気分がないではなかった。そこがぽっと出の浅はかさで、世の中が落ちつくと、骨董も皆あるべき所に落ちついて、二度と当時のものには出会えない。たまに出会えても、もはや高嶺の花である。私が六万円で買った志野の香炉は、現在、千五百万円もするという。

では、もしお金があったら、買い戻すかというと、それは多分しないだろう。先にもいったように、私は今や育てる方に興味がある。大手を振って、一人歩きをしているものに、用はない。お金が沢山あったら、その精神もぐらつくかも知れないが、ないから強い。しぜん売るものがなくなって、買うばかり、時には贋物まで買ってしまうから、人に見せるものは何一つない。げに、骨董は魔道である。私の父は、益田孝さんとか原三溪さんなどと親しく、その恐ろしさを目のあたりにしていたから、私を骨董の世界に近づけなかったが、思えば不肖の子であった。

先程町を歩いていたら、本屋の店先に、網野菊さんの、『一期一会』がおいてあった。私は立ち読みをして、あの時思い出せなかった団蔵の辞世を見つけたので、書きそえておく。

我死なば香典うけな通夜もせず
迷惑かけずさらば地獄へ

初出一覧

木は生きている　『木の道具』（シリーズ木の文化）朝日新聞社、一九八四年。

黒田辰秋――人と作品――　『黒田辰秋』駸々堂出版、一九七二年。『縁あって』青土社、一九九九年に収録。

黒田乾吉――木工を支えるもの――　「芸術新潮」一九七九年五月号。『日本のたくみ』新潮文庫に収録。

志村ふくみ――花の命を染める――　「芸術新潮」一九七九年二月号。『日本のたくみ』新潮文庫に収録。

吉岡常雄――お水取の椿――　「芸術新潮」一九八〇年四月号。『日本のたくみ』新潮文庫に収録。

荒川豊蔵――牟田洞人の生活と人間――　『荒川豊蔵自選作品集』朝日新聞社、一九七六年。『縁あって』に収録。

北大路魯山人――世紀の才人――　「古美術」第二号、一九六三年。『風姿抄』世界文化社、一九九四年に収録。

魯山人のこと　「太陽」一九八五年五月号。『風姿抄』に収録。

横石順吉――贋物づくり――「芸術新潮」一九七九年八月号。『日本のたくみ』新潮文庫に収録。

青山二郎――余白の人生――青山二郎著『鎌倉文士骨董奇譚』講談社文芸文庫解説。

友枝喜久夫――老木の花――「友枝喜久夫写真集　老木の花」求龍堂、一九八九年。『お能・老木の花』講談社文芸文庫に収録。

日本のもの・日本のかたち　一九六八年執筆。初出未詳。『ほとけさま』メディア総合研究所(旧ワイアンドエフ)、二〇〇〇年に収録。

解説――生を楽しむ人

須藤孝光

自分の「真に好きなもの」を見つけるというのは、容易なことではない。嫌いということはまだ判断がつくけれども、いささかの躊躇もなく好きだとはっきり言うことは難しい。これは自分に無関心ということだろう。

ときには反省もするのだが、行動に転ずることがまた至難で元の木阿弥になることを、私は何度繰り返したかわからない。自戒をこめて言うが、世間一般で「自分のことは自分が一番よく知っている」などというのは間違いで、注意してみれば自分ほどわからないものはないのではなかろうか。大概のことは無関心でも済ませられる。そうしていれば楽だ。そしていまの日本には楽をする人ばかりが横行してはいないだろうか。

「楽をする」ことと「楽しむ」ことは違う。楽しむには好きなものがなければならない。白洲さんは自分の生活をひとくくりにして「豊かな暮らし」などと言われるのを嫌ったが、それは「豊かな暮らし」を望むのが、楽をして楽しもうとする身勝手な人たちだからだ。白洲正子が亡くなって後にますます注目を集めているのは、楽しむということの難かしさとすばらしさを、みずからの人生をとおして伝えてくれるからではなかろうか。

美とは本来ありもしないものなのだ。もしあるとすればそれを発見した個人の中にある。芸術家はたしかに美しいものを作ろうとするが、それは美しいもの、なのであって、美そのものではない。そんなことを頭の隅っこで考えながら仕事をしても、美しいものなんか出来っこない。一つのことに集中し、工夫をこらしていれば、よけいなことを考える暇はない筈である。ずい分下手な説明だが、何もかも忘れて一心に仕事に打込んでいる人なら、こんなことは自明のことで、人に語れるものではないだろう。(「青山二郎」)

青山二郎の言葉をとくに「重要だ」とことわった上で読者のために加えたこの説明に、本書の主題は尽くされている。

白洲正子は「何もかも忘れて一心に仕事に打込んでいる人」を作業のひとつひとつまで咀《そ》嚼《しゃく》するように取材することで、匠たちが「人に語れるものではない」ことを文章の上に紡ぎ出してゆく。

この本を読んでいて、私はしばしば白洲正子が取材する現場に強い力でたぐりよせられる思いにかられた。そしてほの暗い仕事場の傍らに立ち、空気を吸い、においを嗅ぎ、職人の動きに眼をこらし、刃物を研ぐ音を聞いた。

臨場感が豊かであるのは白洲正子の文章に一貫する魅力である。紀行文においてもときに遥か古代に飛び、ときに美しい風景に息を呑むこともめずらしくはないが、本書にその特長はより顕著ではないだろうか。

作業を追うばかりではなく、白洲正子は職人の間でだけ通用する言葉を丹念にたどってゆく。そうした言葉は声高に語られたのではなく、作業しながらぽつりぽつりと漏らされただろう。職人にとっては当たり前の言葉であり、いちいち説明の要のないものだ。白洲さんはそうしたつぶやきを決して聞き逃さない。すかさずいまの言葉はどういったことなのかと執拗に問い返す。職人は説明しようがないのでもう一度やってみせる。白洲さんは言葉と作業がつながって初めて納得し、ときに言葉が生まれた由来を感知する。

そうした専門用語に対して素人にもわかるように説明を加えてゆくのだが、文章がいささかも滞らないのは、白洲文学の「間」ともいうべきもうひとつの特長だ。そして読者のこころには、職人の言葉がなにより鮮明に記憶されていく。こう書くうちにも私の頭の中には「黒める」「へぐ」「室くさらせ」「ずり」「瓶のぞき」「トコトンナ」といった言葉が、まるで生きもののように次から次へ湧いてくる。

工芸は本来、分業で成り立ってきた。白洲正子が指摘するとおり、木工だけでも何人もの職人の手を経る。心地よいリズムとユーモラスな響きさえ持つこれらの言葉は、そうした職人たちの密接な関係の中から生まれ出たのだろう。そして木工には砥石、漆には刷毛、染めものには糸、紙漉きには簀《す》がきわめて大切であるように、工芸の世界はひとつの集団では終わらない。

それは私たちの祖先が「ムラ」をつくって強い絆で結ばれ、支え合って暮らしてきたそのままのかたちではなかろうか。そうでなければ日本人は生きられなかった。だからこそ村八分が厳しい制裁として成り立ったのだろう。白洲正子が工芸の世界に断絶を見、ひいてはそれが文化の衰弱につながることを指摘しているのを、他人事で済ますことはできない。

「黒田辰秋」で白洲正子は「人間が作品に似たのか、作品が人間に似るのか、おそらくその両方であろう」と書いた。それが七年後の一九七九年に取材した「黒田乾吉」では「人間は自分の造るものに似て来る」とあって、ものが人に似るという記述が欠如している。前にも書いたとあるのが気になって『日本のたくみ』を読み返してみると、同様のことが一再ならず言及されている。

細かな点にこだわるようだが、いくつもの工房を訪ね、ものが生まれる現場に立ち会い、生きた言葉を聞き、職人が相手にする自然に分け入る体験をとおして、白洲正子の中で「おそらく」であったものが、「もの」を本位とする確信に深まっていったという見方もできるのではあるまいか。

金輪寺茶入や志野のやきものが何百年の時を経て現代によみがえるさまは——もちろん黒田辰秋と荒川豊蔵の発見を抜きにしては語れないけれども——「もの」自体が持つ生命力を感じさせずにはおかない。いや、この二つに限らず本書に登場するのは日本人の暮らしに根づいているものであり、その伝統の上に立って仕事に打ち込む人たちである。

『日本のたくみ』を取材し始めて間もない三月、骨董の先生とも人生の師ともいわれるジィちゃんこと青山二郎が死去した。感情的にものごとを結びつけて納得するのは避けたいが、白洲正子にとって人生の大事であったことは確かだ。『いまなぜ青山二郎なのか』で、ものを見る時は「すべてを捨ててかからねばならない」といい、そのためには「此岸《しがん》から彼岸へ渡るほどの飛躍が要る。いくらかそれが達せられたと思うのは、ジィちゃんの死後のこと」

だと書いている。

すべてを捨ててものを見るということを、心を裸にするともいい、本書では屑屋の店先にころがすという譬《たと》えで表現されている。なんでもないところに、なんでもない顔をして「美」の原石が転がっている。それを見出す眼を、青山二郎や白洲正子は「発見」と呼んだ。

白洲正子の「美」に対する姿勢は「着心地がよくて、きものは完全に美しいといえるのだと思う」(「志村ふくみ」)という記述にもはっきり表われている。「用の美」をかかげた民芸運動から発しながら、黒田辰秋が使うという目的に徹したのに対し、晩年に一度だけ会った河井寛次郎がオブジェ風の作品を作っているのを一顧だにしないのも、白洲正子にとって「用いること」が絶対条件であることを物語っている。

その理由は、黒田辰秋の作品も「時には瑕《きず》がついたり、はげたりするが、道具はそこまでつき合わないと、自分の物にはなってくれない」し、漆桶などを「手塩にかけて、美しく育ててあげるところに、無上の喜びがある」(ともに「木は生きている」)からだ。白洲正子にとって「美」は眺めるものではなく「自分の物」にすることであった。

白洲正子が美しいものについて語るときには、しばしば「生まれる」という意味の表現が使われる。

「うぶ」という言葉は、「うぶな味わい」「うぶな美しさ」など、本書に何度も登場する。「産湯」「産着」の例を出すまでもなく、生命の誕生に通じるこの言葉を白洲正子は、未熟さを表わしながら内に生命力を満たしているもの、何も持たないのに力強い存在、といったものに対して使っているように見受けられる。

そして白洲正子は七十七歳で友枝喜久夫の能に出会い「今生れたばかりの初々しさ」を見る。その芸は「ひたすら己れを虚しうして稽古に打込んでいる間に、江口の遊女のように忽然と生れ変ったのであろう」と。つづいて見た「弱法師」「蟬丸」では美しさという表現では足りず、「美しさというより、魂をゆさぶる衝撃といえようか」と言い換えている。「友枝喜久夫」は「ラブ・レター以上に熱烈なもの」といっていいだろう。これほど高揚する白洲正子を感じたのは「『無常といふ事』を読んで」以来だが、小林秀雄への共感とは異なり、「友枝喜久夫」には「出会えるとは夢にも思わなかった」美を発見したよろこびに満ちている。「今まで一生つづけて来たものを、改めて最初から出直す」強靭かつ柔軟な精神に畏怖を覚えるのは、私だけではないだろう。

筆は日本の文化が究極のところで求めていたものにまで及ぶ。「ここまで書いて来て気がつく」というさりげない書き出しで鞘を払うと、消極的精神をばっさりと切り捨てる。ふりかえって見れば白洲正子は、この世は「仮りの宿」なればこそ楽しもうとした日本人の健全な精神を、一生をかけて追い求めたのではなかったか。

「世の中にこれほど愉しく、かつ深淵な悦びを与えるものがあるだろうか」という叫びは生を楽しむ人の真骨頂だ。それには「こちらから出かけて行ってつかみとらねばならない」。みずから村八分を決めこんで、テレビや書物で楽しんだつもりになるようでは到底叶うべくもないことを、白洲正子は繰り返し語っている。

（すどう　たかみつ／編集者）

平凡社ライブラリー　509

美《び》は匠《たくみ》にあり

発行日…………2004年8月9日　初版第1刷
2021年9月10日　初版第5刷

著者……………白洲正子

発行者…………下中美都

発行所…………株式会社平凡社
〒101-0051 東京都千代田区神田神保町3-29
電話 (03)3230-6579［編集］
(03)3230-6573［営業］
振替 00180-0-29639

印刷・製本 ……中央精版印刷株式会社

装幀……………中垣信夫

ISBN978-4-582-76509-0
NDC分類番号914.6
B6変型判(16.0cm)　総ページ288

平凡社ホームページ https://www.heibonsha.co.jp/
落丁・乱丁本のお取り替えは小社読者サービス係まで
直接お送りください（送料，小社負担）．